AF498372

HUIT ANS DE PLUS,

DRAME EN TROIS ACTES,

Par MM. Arnould et N. Fournier,

Représenté pour la première fois, à Paris, sur le théâtre de la Gaîté, le 13 février 1837.

PERSONNAGES.	ACTEURS.	PERSONNAGES.	ACTEURS.
M. NORBLIN, riche propriétaire. .	M. CAMIADE.	DESROSIER, substitut	M. ARMAND.
HENRIETTE, sa fille	Mme MEYNIER.	PAULINE, nièce de Norblin. . .	Mlle ROUGEMONT.
DUMESNIL, médecin, ami de Nor-		MADELEINE, servante.	Mlle ST-ALBE.
blin.	M. CHÉRI-LOUIS.	JACQUES, garçon d'auberge. . .	M. RAYMOND.
EMILE DE JENNEVAL, pupille		PIERRE, domestique de Norblin.	M. FOMBONNE.
de Norblin.	M. MAILLART.		

ACTE PREMIER.

Un salon chez Norblin. Portes au fond, à droite et à gauche.

SCENE PREMIERE.

NORBLIN, DESROSIER, *assis près d'une table à droite.* DUMESNIL, *entrant par le fond.*

NORBLIN. Eh bien! cher docteur, comment avez-vous trouvé ma fille ce matin?

DUMESNIL. Un peu moins souffrante qu'hier au soir... Je viens de lui ordonner une heure de promenade dans le parc.

(Il va s'asseoir à gauche près d'une autre table où sont des papiers; il parcourt des journaux.)

NORBLIN. Cette pauvre Henriette! profitons de son absence pour nous expliquer à cœur ouvert. Mon cher monsieur Desrosier, vous m'avez demandé sa main... J'ai balancé à vous répondre, car la mauvaise santé de ma fille m'afflige et m'inquiète; mais le docteur Dumesnil, le meilleur ami de ma famille, m'assure qu'un changement d'existence et des intérêts nouveaux l'arracheront à cet état de langueur: ainsi parlons d'affaires. Ma fortune est claire et nette: trente bonnes mille livres de rentes, fruit de mon industrie et de ma

31.

conduite. En une demi-heure, je rends mes comptes à mon pupille Emile de Jenneval, que vous connaissez ; je donne en dot à ma fille cent mille francs comptant, avec cette propriété dans le voisinage de Senlis : le reste après ma mort. Henriette est mon unique enfant... cependant je dois vous prévenir que j'ai une autre héritière.

DESROSIER. Et qui donc ?

NORBLIN. Une nièce que j'attends au premier jour. Privée de son père, un assez mauvais sujet qui est allé chercher fortune en Allemagne sans la trouver, Pauline m'est envoyée pour la seconde fois par ma sœur. Son éducation, il y a quelques années, avait été commencée par Henriette ; elle a maintenant treize ou quatorze ans, et je songe à lui réserver une petite dot ; ainsi c'est trente ou quarante mille francs dont mon gendre voudra bien se passer.

DESROSIER. Qu'à cela ne tienne, monsieur Norblin, je suis assez riche, et si j'ai toujours eu de la peine à me marier, ce n'est pas faute de désintéressement.

DUMESNIL. Vous avez déjà manqué des mariages ?

DESROSIER, *se levant.* Deux, de la même manière et pour la même cause.

NORBLIN. Comment cela ?

DESROSIER. La première fois, c'était aux vacances, il y a deux ans. La famille ne voulait pas de moi d'abord. J'insiste, je combats des préventions injustes ; enfin je plaide ma cause avec tant de chaleur, je déploie tant d'éloquence, un substitut doit en avoir par état, que mes conclusions sont admises.

NORBLIN. Bien !

DESROSIER. Mais la demoiselle oppose un déclinatoire ; impossible de vaincre ses refus... je suis obligé d'arrêter l'affaire... et d'un ! La deuxième fois, c'était encore aux vacances, je reçois une lettre de Bordeaux ; on me proposait une jeune personne riche, très-jolie, d'une famille liée depuis long-temps avec celle de mon père, enfin tous les avantages que je retrouve ici. Pour ne pas faire un voyage inutile, je traite l'affaire par correspondance ; alors, ne risquant plus rien, je me mets en route, je me présente.

NORBLIN. Eh bien ?

DESROSIER. Eh bien ! je vois une famille en larmes, les yeux rouges, gros comme le poing. La mère me dit : Ma fille en aimait un autre. Sachant que vous arriviez aujourd'hui, elle s'est fait enlever hier. Monsieur, ajoute le père, vous êtes magistrat, vous m'aiderez à poursuivre le ravisseur. Oui, reprend la mère, et si ja-

mais je retrouve ma fille... une fille si bien élevée !.. elle sera pour vous... Bien obligé !.. Et de deux !

NORBLIN. C'est un vrai guignon !

DESROSIER. J'espère qu'il se démentira. Mais il y a des gens à qui rien ne réussit et qui sont nés malheureux !

DUMESNIL. Ou maladroits.

DESROSIER. Plaît-il, docteur ?

DUMESNIL. Que voulez-vous ! je ne crois ni à la mauvaise étoile ni à la bonne.

NORBLIN. Allons donc ! vous prétendez que le hasard, le bonheur, comme vous voudrez l'appeler, ne m'a pas conduit par la main, tandis que vous, Dumesnil, vous êtes encore, à cinquante ans, malgré votre mérite, un obscur médecin de campagne ?

DUMESNIL. Qui voulez-vous qui s'occupe de ma fortune ? je ne m'en occupe pas moi-même. Oui, je le soutiens, notre bonheur est dans nos mains ; ce que l'on appelle malheur a toujours pour cause quelque erreur, quelque sottise qui nous appartient en propre, et, pour en revenir aux infortunes de M. Desrosier, il pense à tout, excepté au plus important. La première chose à faire, pour se marier, c'est de savoir d'abord si une femme veut vous épouser.

DESROSIER. Eh ! mais, monsieur Dumesnil, voudriez-vous me faire entendre que j'ai tort de prétendre à la main de Mlle Henriette ?

DUMESNIL. Je ne dis pas cela.

DESROSIER. Que peut-être j'arrive encore trop tard ?

DUMESNIL. Je n'en sais rien. Pendant que vous êtes en vacances, prenez vos précautions.

NORBLIN. Ma fille ne sait rien encore de vos démarches auprès de moi, mais je ne doute pas de son consentement ; elle n'a jamais, à ma connaissance, distingué particulièrement qui que ce soit ; mais vous savez ce qui arrive ordinairement : parce qu'une personne riche, aimable et jolie est restée long-temps demoiselle, on s'imagine qu'il y a là-dessous une inclination contrariée. Eh bien ! pas du tout, la faute en est à moi seul. Oui, mon cher monsieur, égoïsme d'amour paternel : craignant de me séparer de ma bonne Henriette, j'ai moi-même écarté plus d'un prétendant, jusqu'au jour où, éclairé par le docteur Dumesnil, son ancien tuteur, qui l'aime non pas plus que moi, mais mieux peut-être, j'ai voulu réparer mes torts en lui trouvant un mari. Eh bien ! dès ce moment-là, soit esprit de contradiction, soit qu'elle eût aussi de la peine à quitter son vieux père, ce fut elle qui commença à refuser. Mais n'ayez pas peur : pour son bonheur à venir et par acquit de conscience, je prétends qu'elle vous épouse.

DESROSIER. Oh! je réussirai, d'autant plus que son amour-propre est intéressé à une prompte conclusion... elle doit être blessée des épigrammes continuelles de votre jeune pupille, M. Émile Jenneval.

NORBLIN. Des épigrammes! sur quel sujet?

DESROSIER. Eh! mais! sur ses vingt-huit ans.

NORBLIN. Comment! il se permettrait!

DUMESNIL. Étourderie... légèreté... Du reste, Émile a un cœur excellent.

NORBLIN. Je le sais : il a toutes les qualités et tous les défauts de la jeunesse..... j'ai eu mille occasions de l'apprécier, même avant le service signalé qu'il a rendu à ma fille.

DESROSIER. Quel service?

NORBLIN. Il lui a sauvé la vie.

DESROSIER. En vérité?

DUMESNIL. Allons, voilà encore de vos exagérations.

NORBLIN. Son action intrépide...

DUMESNIL. Bah! coup de tête de chasseur!..

NORBLIN. N'a-t-il pas tué avec autant d'adresse que de sang-froid cet animal furieux...

DUMESNIL. D'abord, il n'est pas sûr que ce fût un animal furieux... et la preuve c'est qu'il a fallu le rembourser au propriétaire... En second lieu, il ne se dirigeait pas du côté de mademoiselle Henriette.

NORBLIN. Pourtant, son évanouissement.

DUMESNIL. Une détonation à bout portant!... il y a de quoi attaquer les nerfs!.. et puis, vous avez persuadé à l'un qu'il était un libérateur, à l'autre qu'elle était une héroïne délivrée..... une véritable Andromède! ce n'est pas votre faute si tout ce beau roman-là ne lui a pas tourné la tête... Eh mais! je l'aperçois. . Émile est avec elle... il a l'air de la soutenir... qu'est-il donc arrivé?

•••••••••••••••••••••••••••••••••••••

SCÈNE II.

LES MÊMES, ÉMILE, HENRIETTE.

NORBLIN. Ma chère enfant!.. qu'est-ce donc?

HENRIETTE. Rien, mon père; rien!... Monsieur Émile, je vous remercie, je n'ai plus besoin de votre bras.

ÉMILE. Vous êtes encore toute tremblante.

DUMESNIL. Votre main est brûlante!..

HENRIETTE, retirant sa main. Je me sens mieux, mon ami, ce n'est rien, vous dis-je, merci!..

DESROSIER. Croyez, mademoiselle, que je prends une part bien vive...

ÉMILE. Ah! monsieur le substitut, j'étais sûr de vous trouver ici..... Bonjour, monsieur Dumesnil.

NORBLIN. Enfin, Émile, que s'est-il donc passé?

DUMESNIL. Encore quelque imprudence! quelque folie de jeune homme!

ÉMILE. Du tout, docteur, j'ai la tête plus saine que vous ne pensez.

NORBLIN. Explique-nous donc cet accident.

ÉMILE. Ma foi, mon cher tuteur, vous me permettrez de n'y rien comprendre... En allant par le chemin du parc au village voisin, j'ai aperçu Henriette sous le berceau de verdure... je m'approche, je lui adresse la parole... mais il faut que je sois bien maladroit!.. aux premiers mots, elle pâlit, chancelle, et je suis obligé de la soutenir ou plutôt de la traîner, malgré elle, jusque dans ce salon... Si, par hasard, il y a là de ma faute, mademoiselle Henriette, vous me voyez désolé.

HENRIETTE. Je ne vous en veux pas, Émile...

ÉMILE. Vous êtes si bonne!..

NORBLIN. Et toi si étourdi!.. Je suis sûr.....

HENRIETTE. A quoi bon parler de ce qui est passé?

NORBLIN, à Henriette. Tu l'excuses toujours. (A Émile.) Que lui as-tu dit?

ÉMILE, montrant Desrosier. Ce que j'avais deviné sur la physionomie de monsieur.

DESROSIER. Plaît-il? Vous y aviez lu mes intentions?

ÉMILE. Du premier coup-d'œil, monsieur le magistrat.

NORBLIN. Et c'est cette nouvelle qui l'a troublée au point...

DUMESNIL, à part. Cela ne m'étonne pas.

DESROSIER, à part. Eh bien! à la bonne heure! Cette fois j'ai produit de l'effet. (A Norblin.) Dites donc, mon cher monsieur, le moment me paraît favorable; veuillez présenter ma requête... pendant ce temps-là j'irai faire ma promenade habituelle... ce sera une course bien agitée!..

ÉMILE. A cheval?

DESROSIER. Non, monsieur, non, la

justice ne galope jamais... de peur d'accident..... mademoiselle, à l'honneur de vous revoir !.... Messieurs , votre serviteur !....

(Il sort.)

SCENE III.

Les Mêmes, *excepté* DESROSIER.

ÉMILE. Eh bien! n'ai-je pas deviné juste? J'ai un coup-d'œil étonnant.... voilà un substitut qui soupire... encore un prétendant..... c'est le cinquième à ma connaissance...et, d'après son système que la justice ne doit marcher qu'à pas comptés , il est un peu retardataire...

NORBLIN. Émile !..

ÉMILE. Mon Dieu , mes plaisanteries ne sauraient blesser mademoiselle Henriette... je concevrais qu'une vieille fille délaissée, maussade et laide , se fâchât quand on lui rappellerait son isolement forcé... mais une personne aimable et jolie , volontairement liée au célibat, doit prendre plaisir au tableau de ses conquètes dédaignées... ce sont autant de titres de sa supériorité.

HENRIETTE. Je n'y mets pas tant d'amour-propre! la vie que je mène répond à mon caractère, à mes goûts.

ÉMILE. Cependant vous êtes triste..... mélancolique!.. Vous, autrefois si égale, si enjouée... quand je venais ici pour les vacances, je n'étais encore qu'un enfant, et vous étiez déjà une belle personne ; vous m'accueilliez toujours avec un sourire, moi , et la petite Pauline votre cousine; et, quand par hasard vous nous grondiez, vos reproches étaient si doux !..... Ceux d'une sœur aînée! mais à présent, si je m'approche de vous, je vois presque toujours des larmes dans vos yeux , et puis vous me quittez comme si ma présence vous était importune. La petite Pauline , elle-mème , ne vous reconnaîtrait pas, tant votre humeur est changée!...

NORBLIN. C'est vrai, mon enfant !.. et, quand même tu te plairais à vivre ainsi, ce n'est pas tout..... la tendresse de ton père t'a suffi jusqu'à présent... mais cet appui peut te manquer.

HENRIETTE. Que dites-vous?

NORBLIN. Une triste vérité!.... Je suis vieux!.. ta cousine, que tu attends comme une compagne, n'aura pas les mêmes idées que toi... elle se mariera , et, tôt ou tard, ma chère Henriette se retrouvera isolée, sans autre protection que la fortune : et pour une femme ce n'est pas assez.

HENRIETTE. Vous voulez me marier?

NORBLIN. Je le désire. Celui que je te propose est riche , considéré , capable de te rendre heureuse.

DUMESNIL. J'en suis persuadé.

HENRIETTE. Et vous, Emile?

ÉMILE. Si vous me demandez mon avis, je ne vous aurais pas conseillé ce choix-là.

DUMESNIL. Emile!....

HENRIETTE, *vivement*. Laissez-le dire.

ÉMILE. Mais, à tout prendre , quoiqu'il soit un peu gauche, un peu empesé.... je le crois honnête homme.... voilà l'essentiel; si vous jugez qu'il doive être un bon mari, acceptez-le, Henriette... je parle sérieusement... Je ne réfléchis pas souvent, c'est vrai, mais, quand il s'agit de vous, Henriette, de votre bonheur, de votre avenir, je ne m'exprime plus à la légère.

HENRIETTE, *avec contrainte*. Je vous suis obligée.

NORBLIN. Dumesnil, joignez-vous à nous.

DUMESNIL, *qui a examiné Henriette*. Je crains qu'elle ne souffre encore... que vos instances ne la fatiguent. (*Bas à Henriette.*) Vous voulez être seule, n'est-ce pas?

HENRIETTE. Oui.

DUMESNIL, *bas à Norblin*. Laissez-moi avec elle.

NORBLIN , *bas*. Interrogez-la adroitement.

DUMESNIL, *bas*. Si elle a un secret, je le lui arracherai. Et vous, si l'on me demande pour quelque malade, dites, je vous prie que l'on vienne me chercher ici.

ÉMILE. Henriette.... quoi qu'il arrive, j'espère que vous ne douterez jamais de mon amitié...

HENRIETTE. Jamais, Émile!..

NORBLIN , *à Emile*. Allons, viens-tu?

(Ils sortent.)

SCENE IV.

DUMESNIL , HENRIETTE.

HENRIETTE. Vous restez ?

DUMESNIL. Pour réclamer votre confiance. Nous sommes bien tourmentés de vous voir ainsi.

HENRIETTE. Oh ! je suis plus malade encore que vous ne croyez...

DUMESNIL. Peut-être !...

HENRIETTE. Je ne dis rien.

DUMESNIL. C'est ce dont je me plains... Si vous me disiez la cause...

HENRIETTE , *vivement*. Vous l'ignorez, n'est-ce pas ?

DUMESNIL. Tout-à-fait. Mais ma lonne amitié pour vous, mon âge, ma profession, me font un devoir de vous la demander; vous me l'apprendrez.

HENRIETTE. Je ne la connais pas moi-même.

DUMESNIL. Mes soins...

HENRIETTE. Ils seraient inutiles.

DUMESNIL. Essayez-en!

HENRIETTE. Je voudrais être morte!

DUMESNIL. Henriette!...

HENRIETTE. C'est affreux, n'est-ce pas, d'avoir de telles idées? Votre art peut-il me guérir, répondez, mon ami? Est-il plus fort pour les chasser que votre amitié, que l'amour de mon père? Croyez-vous que j'en sois venue là tout d'un coup, que je n'aie pas lutté, que je n'aie pas cherché à rattacher ma vie à tous les sentimens qui me rendaient si heureuse autrefois? Eh! mon Dieu! je ne me suis pas imposé seulement, je me suis exagéré tous les devoirs d'amie dévouée, de fille aimante, depuis la mort de ma mère, il y a trois ans... J'ai même demandé au ciel qu'au lieu d'une piété calme il m'envoyât une dévotion ardente. Eh bien! amitié, tendresse filiale, religion, tout cela s'est flétri tour à tour et n'a fait qu'ajouter des souffrances à l'ennui, à la tristesse qui me consument. Quand on en est là, tout est fini; et vous voyez bien qu'il n'y a rien à faire, mon ami... Que me manque-t-il? Que pourrait-on me donner que je n'aie déjà? je devrais être heureuse et je me plains; joyeuse, et je pleure. Le bruit me fatigue, le monde m'importune, la gaîté des autres me blesse et m'irrite; je ne vis plus que dans la solitude, parce que là du moins je rêve et j'oublie...

DUMESNIL. Et alors vous souffrez moins?

HENRIETTE. Oui.

DUMESNIL. Les momens où l'on oublie tout pour une seule idée sont souvent les plus heureux. Le monde disparaît alors, et l'imagination bienfaisante adoucit les blessures du cœur.

HENRIETTE, *vivement et se levant*. Vous vous trompez, mon ami, ce n'est pas le cœur qui est blessé: je souffre réellement!... je suis malade, je le sais... Je vois bien que je change... la tête me brûle... tenez, je dois avoir la fièvre!.. Je me remets entre vos mains, docteur... je me soumets à tout. Voyons, tâchez de me rendre la santé... C'est parce que je n'en ai plus que je suis triste.

DUMESNIL, *à part*. Elle ne voudra rien avouer. Mais je saurai bien la forcer à parler. (*Haut.*) Consolez-vous, votre beauté n'a rien souffert d'une altération passa-

gère, et je suis enchanté de vous voir raisonnable. Fiez-vous donc à moi... Des distractions vous seraient nécessaires... un voyage...

HENRIETTE. Peut-être... Mais je ne pourrais. Mon père est retenu par des affaires.

DUMESNIL. Il les quitterait. D'ailleurs, puisque votre cœur est libre, la proposition de M. Desrosiers...

HENRIETTE. Je ne l'aime ni ne le hais, mais je ne veux pas me marier.

DUMESNIL. Cependant, Henriette, à votre âge....

HENRIETTE, *souriant*. Il faut se décider, n'est-ce pas?.. J'ai vingt-huit ans, je suis une vieille fille.

DUMESNIL. Vous ne parlez pas sérieusement.

HENRIETTE. Qu'en savez-vous?

DUMESNIL. Un homme plus âgé que vous serait encore jeune; vous pourriez l'aimer.

HENRIETTE. Jamais.

DUMESNIL. Parce que vous aimez déjà quelqu'un.

HENRIETTE. Moi?

DUMESNIL. Oui.

HENRIETTE, *avec émotion*. Et qui donc?

SCÈNE V.

Les Mêmes, PIERRE.

PIERRE. Le docteur Dumesnil! on vous demande.

DUMESNIL, *allant au-devant de lui*. Parlez bas.

PIERRE, *bas*. Le fermier du village voisin....

HENRIETTE. Qu'y a-t-il? un accident?

DUMESNIL. Oui. (*A Pierre.*) Sortez. (*A part.*) Essayons.

SCÈNE VI.

DUMESNIL, HENRIETTE.

DUMESNIL, *se disposant à sortir*. Pauvre Emile!

HENRIETTE. Que lui est-il arrivé?

DUMESNIL. Une chute de cheval dans le parc!..

HENRIETTE. Il est blessé!.. Ah! venez.... Mais venez donc vite!.. Sauvez-le!

SCÈNE VII.

Les Mêmes, ÉMILE, *entrant à droite*.

HENRIETTE. Emile!.... (*Courant à lui.*) Vous n'êtes pas blessé?

ÉMILE. Moi ?

HENRIETTE, *après avoir regardé Dumesnil.* Ah ! monsieur, gardez-moi le secret.

(*Elle entre précipitamment à gauche.*)

SCENE VIII.

DUMESNIL, ÉMILE.

DUMESNIL, *à part.* J'en étais sûr !..

ÉMILE. Qu'est-ce que cela veut dire ? Mademoiselle Henriette !... (*Il se dirige du côté où elle est sortie. Dumesnil l'arrête.*) Vous me direz du moins... ce cri de joie d'abord!... Vous n'êtes pas blessé! Puis, cette frayeur!.. Je n'y comprends rien.

DUMESNIL. Et vous ne chercherez pas à le savoir.

ÉMILE. Si fait... si fait !...

DUMESNIL. Non.

ÉMILE. Je n'aime pas le mystère, et à l'instant même...

DUMESNIL. Restez, vous dis-je.

ÉMILE. Eh bien! Henriette parlera plus tard... voilà tout ce que vous y gagnerez.

DUMESNIL. Oh! ne lui demandez jamais à elle.

ÉMILE. Parlez alors.

DUMESNIL. Ecoutez-moi donc!

ÉMILE. Quel ton solennel!

DUMESNIL. C'est celui qui convient. Émile, vous êtes généreux, je le sais; votre cœur bat, avec l'ardeur d'un sang jeune, pour tout ce qui est noble, grand, élevé! Orphelin depuis l'âge de dix ans, vous avez trouvé ici un second père, aussi tendre, aussi dévoué que celui que vous avez perdu!.. Votre fortune, confiée à son honneur, s'est augmentée entre ses mains. Eh bien! pour prix de cette tendresse, en reconnaissance de ce dévouement, si l'on vous demandait à votre tour un sacrifice, hésiteriez-vous?

ÉMILE. Non, sans doute : que faut-il faire?

DUMESNIL. Partir.

ÉMILE. Comment?

DUMESNIL. Vous éloigner d'ici.

ÉMILE. Quitter cette maison!

DUMESNIL. Et n'y plus revenir... de long-temps du moins...

ÉMILE. Pourquoi? Expliquez-vous!

DUMESNIL. Je le ferai, sans craindre de votre part ni légèreté ni étourderie, car vous êtes honnête homme, et tout est grave dans cette affaire! J'exige de vous votre parole, une parole d'honneur, que ce que je vais vous dire restera entre vous et moi.

ÉMILE. Je vous la donne.

DUMESNIL. Vous ne vous doutez d[e] rien? Vous n'avez rien vu, rien devin[é] Le secret que je vais vous apprendre, vou[s] ne feignez pas de l'ignorer pour prolong[er] une détestable jouissance d'amour-propre[.] Vous ne savez pas que votre présence i[ci] est fatale, qu'elle trouble le repos d'un[e] famille, qu'elle peut donner la mort [à] une femme?

ÉMILE. Que dites-vous?

DUMESNIL. Elle vous aime!

ÉMILE. Elle?... Henriette?..

DUMESNIL. Et cet amour la tue!..

ÉMILE. Elle vous a dit qu'elle m'aimait[?]

DUMESNIL. Elle s'est trahie. N'avez-vou[s] pas vu tout-à-l'heure?..

ÉMILE. Oui... Henriette!... Elle m'ai[-]me!.. est-il vrai?..

DUMESNIL. Oh! ne songez qu'au secr[et] que je vous confie... c'est le bonheur d'u[n] homme que vous devez aimer... l'hon[-]neur d'une femme qu'il faut sauver d'elle[-]même... Oui, son honneur ou sa vie !.[.] Elle mourra pour ne pas commettre un[e] faute; mais qu'un regard, un geste, u[n] mot trahisse cet amour aux yeux du mon[-]de, elle est perdue! Une jeune fille res[te] vertueuse et pure, ce n'est pas assez. L[e] soupçon qui la touche la flétrit, la pens[ée] qu'on devine la déshonore! et pour qu'el[le] n'ait pas encore baissé le front, quels com[-]bats, quelles souffrances de tous les jours, d[e] tous les instans, entre sa pudeur qui s'ef[-]fraie et cet amour qui s'accroît par le mys[-]tère! Il faut partir, Émile, partir sans dé[-]lai, partir en ignorant tout! Il y aura de[s] pleurs ici; la douleur la fera crier, tan[t] mieux! c'est le silence qui la tue, et je ré[-]ponds d'elle si le désespoir vient rendr[e] quelque énergie à cette âme qui souff[re] sans oser se plaindre, et qui s'use dan[s] les larmes secrètes. Ne voyez-vous pas qu[e] la force commence à lui manquer, que [le] secret de son cœur est déjà sur ses lèvres[?] Que voulez-vous qu'elle devienne? folle ?.[.] coupable?.. Par pitié, ne nourrissez pa[s] plus long-temps, par votre présence, u[n] plaisir insensé, un espoir qu'elle doit re[-]pousser, puisqu'une union entre vous e[st] impossible.

ÉMILE. Impossible?

DUMESNIL. Elle le sait; elle a compté so[n] âge et le vôtre... plusieurs années vou[s] séparent, intervalle immense que rien n[e] peut combler! Sans cela, serait-elle [si] malheureuse? Le temps marche plus vi[te] pour elle que pour vous... Il mettra de[s] rides sur son front avant qu'un seul de v[os] cheveux ait blanchi... Elle le sait, vous di[t-] e, et si elle avait pu l'oublier, votre in-différence, qu'elle connaît aussi, le lui au-rait rappelé...Vous l'avez fait bien souffrir! Vingt fois, ignorant que vous lui déchiriez le cœur, ne lui avez-vous pas parlé de son âge?

ÉMILE. Jamais pour la blesser!

DUMESNIL. N'importe, le coup a frappé là.

ÉMILE. Pauvre Henriette!

DUMESNIL. Une plaisanterie que vous croyiez innocente tombait sur son cœur comme une goutte de fiel sur une plaie vive.

ÉMILE. Ah! j'ai été bien coupable!.. et elle si bonne!.. Mais je suis le seul ici qui n'ait pas eu à souffrir de ses caprices, de son changement de caractère, le seul qu'elle ait toujours traité avec la même douceur... elle m'a toujours pardonné... ce matin encore!..

DUMESNIL. Vous le voyez, il faut tout réparer.

ÉMILE. Oui.

DUMESNIL. Se taire et fuir.

ÉMILE. Elle n'aura pas à rougir devant moi, je vous jure.

DUMESNIL. Bien, mon ami!... Son pè-re!.. silence!

SCENE IX.

LES MÊMES, NORBLIN, *une lettre à la main.*

NORBLIN, *à la cantonnade.* Eh! Pierre! Pierre!.. Où diable est-il?.. je le cherche partout.

DUMESNIL. Vous avez l'air bien affairé.

NORBLIN. Parbleu! je le crois bien... ma nièce qui arrive... ma chère Pauline, que je n'ai pas vue depuis si long-temps... (*Pierre entre.*) Ah! te voilà! c'est heureux! Tu vas mettre le cheval au cabriolet et partir sur-le-champ pour Senlis... Tu ra-mèneras ici une jeune personne, Mlle Pau-line Wolf, et une dame âgée qui l'accom-pagne... Va, tu les trouveras à l'auberge où descendent les diligences... Ne perds pas de temps(*Pierre sort*). Je suis enchanté... voilà une société pour ma fille. Eh bien! cher docteur, avez-vous gagné quelque chose sur l'esprit d'Henriette?

DUMESNIL. Rien encore. Il faut du temps.

NORBLIN. Je tâcherai de prendre pa-tience. (*A Émile.*) Tu ne veux pas accom-pagner Pierre?

ÉMILE. Non, j'aurais un mot à vous dire.

NORBLIN. De quoi s'agit-il?

ÉMILE. D'une grande résolution que je dois vous soumettre.

NORBLIN. Oh! oh! une grande résolu-tion!..

DUMESNIL, *à part.* Son départ! allons, c'est bien!

ÉMILE. Vous vous occupiez ce matin de projets de mariage pour Mlle votre fille... je vous demande sa main.

NORBLIN. Toi?

DUMESNIL. Émile!

NORBLIN. Pour qui?

ÉMILE. Pour moi. Me voulez-vous pour votre gendre?

DUMESNIL. Est-il possible?..

NORBLIN. Tu deviens fou!

ÉMILE. Je sais tout ce que vous pouvez me dire... je n'ai pas d'état... je suis bien jeune; mais j'ai de la fortune, je resterai ici, je travaillerai sous vos yeux, je ne vous sépare pas de votre fille, et si je suis plus jeune qu'elle, eh bien! je me laisserai guider par sa raison, elle me préservera des folies de mon âge, et son empire sera si doux que je m'y soumets d'avance.

NORBLIN. Je n'en reviens pas.

DUMESNIL,*passant du côté d'Émile.* Émile! songez-vous à ce que vous dites?

ÉMILE. Je songe à ce que vous m'avez dit.

DUMESNIL. Ce n'est pas là ce que j'at-tendais.

ÉMILE. C'est que vous m'aviez mal jugé!

DUMESNIL. La générosité vous inspire une folie.

ÉMILE. Une folie!.. Où trouver jamais une femme qui lui ressemble... tant de vertus, tant de grâces réunies!..

DUMESNIL. Mais elle a vingt-huit ans!

ÉMILE, *à Norblin.* Monsieur, accordez-moi la main de votre fille.

NORBLIN. Mais, mon pauvre garçon, elle te refusera.

DUMESNIL. Elle vous refusera, Émile, j'en suis sûr.

ÉMILE. Peut-être. (*A Norblin.*) Si elle m'aime....

DUMESNIL. Elle ne vous aime pas... je le sais... je l'ai interrogée. ((*A Norblin.*) Ne cédez pas, il y va du bonheur de votre fille.

ÉMILE. Mais, monsieur!...

DUMESNIL. Émile nous quittera pendant quelque temps; il partira demain, aujour-d'hui même...

ÉMILE. Vous disposez de moi...

NORBLIN. Comme je le ferais moi-même!.. moi qui ai sur toi les droits d'un

père, je te défends de revoir Henriette...
de lui parler... tu es trop jeune pour ma
fille... tu partiras, je le veux.

ÉMILE. Vous me refusez !

NORBLIN. Tu m'as entendu...

DUMESNIL. La voici, sortons.

ÉMILE, *à part.* Et c'est pour moi qu'elle
a tant souffert, quelle souffre encore !

NORBLIN. Rentre chez toi, et dans une
heure... (*A Dumesnil.*) Quelle folie !

DUMESNIL, *à Émile.* Vous ne la verrez
plus. Allons!.. allons...

(Ils sortent en entraînant Emile.)

SCENE X.

HENRIETTE, *seule.*

Il me semble que maintenant je n'ose-
rai plus lever les yeux sur lui... que va-
t-il penser, et que lui a dit Dumesnil ?
Mon secret, ce secret qui me tue s'est
échappé malgré moi... Oui, je l'aime !
oui, son regard me pénètre et me fait tres-
saillir ! quand sa main touche la mienne,
elle me brûle ; et quand son indifférence
me déchire par ses railleries, il y a encore
assez de charme dans sa voix pour me les
faire oublier et me laisser tout entière
au plaisir de l'entendre... Mon Dieu !
mon Dieu ! ayez pitié de moi !

SCENE XI.

HENRIETTE, ÉMILE, *entrant précipi-tamment.*

ÉMILE, *à part.* Ils m'avaient enfermé...
mais en m'élançant par la croisée... Ah !
la voilà ! elle est seule ! (*Haut.*) Henriette !

HENRIETTE, *se retournant.* Émile !...
vous étiez là?..

ÉMILE. J'arrive... mais silence !

HENRIETTE. Que voulez-vous? que cher-
chez-vous ici ?

ÉMILE. Vous !.. De grâce, retenez vos
cris... si l'on vous entendait, si l'on venait... ils me défendraient encore de vous
parler.

HENRIETTE. Et bien ! laissez-moi !

ÉMILE. Un moment, j'ai tant de choses
à vous dire !

HENRIETTE. Je n'ai rien à apprendre de
vous.

ÉMILE. Vous aussi, vous me repous-
sez !.. vous aussi vous voulez que je quitte
cette maison!.. tout le monde ici est d'accord, vous, votre père, Dumesnil...

HENRIETTE. Dumesnil ! que vous a-t-il
dit ?

ÉMILE. Qu'il fallait partir à cause de
vous.

HENRIETTE. A cause de moi ? Et pourquoi ?

ÉMILE. Parce que je vous aime.

HENRIETTE. Vous !

ÉMILE. Oui, je vous aime !

HENRIETTE. Vous m'aimez !.. cela est
impossible ! vous vous trompez, Émile.

ÉMILE. J'en étais sûr ! vous me croyez
indifférent; vous ne vous souvenez que de
mes railleries, des épigrammes qui vous
ont blessée... ce matin encore... pardon!..
pardon !.. c'est qu'il fallait cacher ce que
j'éprouvais ; c'est que votre raison m'aurait opposé mille obstacles, peut-être les
années qui nous séparent, intervalle ima-
ginaire pour ceux qui aiment..... mais,
quand je me suis vu devancé par un rival,
tremblant de vous voir céder aux instances d'un autre, aux volontés de votre
père, j'ai rompu le silence, j'ai demandé
votre main.

HENRIETTE, *à part.* Ah ! dois-je le
croire ?.. Que je le voudrais ! . Mon Dieu!
pourquoi me soumettre à cette épreuve ?

ÉMILE. Ils m'ont refusé... ils m'ont or-
donné de partir : votre père se serait laissé
toucher peut-être, mais Dumesnil s'est
montré inflexible !.. Eh bien! malgré leur
défense, je viens vous trouver : c'est vous
seule, Henriette, qui devez prononcer
sur mon sort ; faut-il m'éloigner ou
rester ?

HENRIETTE. Il faut fuir!..

ÉMILE. Ah ! ne me bannissez pas ! vous
doutez de moi!... vous doutez de mon
amour... mais laissez-moi ici, près de vous!
Ce que je demande, ce n'est pas un aveu,
mais le temps de me faire aimer de vous !
Henriette!... Vous vous troublez!... votre
main tremble dans la mienne !

HENRIETTE. Émile ! ah ! dites-moi, vos
paroles, votre égarement, votre amour,
tout ce que je vois, tout ce que j'entends
est vrai.... ce n'est pas un jeu !... on ne
vous a pas dit que je souffrais, que je
pleurais?.. on ne vous a pas donné de la
compassion pour des tourmens que je voulais cacher? C'est vous, Emile, c'est votre
cœur qui parle ?

ÉMILE. On m'a dit de vous quitter, et je
veux rester, parce que je vous aime!

HENRIETTE. Eh bien! donc, restez !

ÉMILE. Henriette !

HENRIETTE. Restez!.. et que j'aie tort
ou raison de vous le dire, que je joue ma

vie et mon bonheur, sur un seul mot, Émile!... je vous aime!

ÉMILE. Ah!

(Il tombe à ses pieds.)

SCÈNE XII.

LES MÊMES, NORBLIN, DUMESNIL.

NORBLIN. Que vois-je?

DUMESNIL. Émile!

NORBLIN. Malgré ma défense?

HENRIETTE. Ah! mon père! ah! monsieur Dumesnil! il est sincère, il m'aime, et je le crois.

DUMESNIL, *à part*. Il a parlé!

ÉMILE, *à Norblin*. Monsieur, pardonnez-moi ma désobéissance!... la demande que je vous ai faite, je vous la renouvelle encore, et cette fois je ne parle pas seul... j'ai pour vous fléchir le consentement de Mlle Henriette.

SCÈNE XIII.

LES MÊMES, DESROSIER.

DESROSIER. Qu'entends-je! quel bonheur! elle consent, dites-vous?

ÉMILE. A m'épouser.

DESROSIER. Hein?.. plaît-il?.. vous?... qu'est-ce que c'est que cette plaisanterie?..

DUMESNIL. Eh quoi! Norblin, vous permettez?

NORBLIN. Mon ami, après un tel aveu!

DESROSIER. Un aveu!

DUMESNIL, *s'approchant d'Henriette*. Henriette! au nom du ciel! il en est temps encore... songez à l'avenir... que de mariages semblables dont j'ai vu les suites funestes!... rappelez-vous ce que vous-même vous pensiez ce matin. Il sera jeune encore quand vous ne le serez plus.... Il y va du bonheur de toute votre vie!... ah! songez-y bien!

HENRIETTE. Merci, mon ami! mais il est trop tard, et je me résigne à tout.

DUMESNIL, *s'approchant d'Émile*. Émile! vous vous trompez vous-même... c'est compassion, générosité, fol héroïsme, mais ce n'est pas de l'amour.

ÉMILE. Monsieur...

DUMESNIL, *bas*. Je vous dis que vous ne l'aimez pas; Norblin, je vous demande un délai de quinze jours.

ÉMILE. Monsieur!..

DUMESNIL, *à Émile*. Vous réfléchirez...

SCÈNE XIV.

LES MÊMES, PIERRE.

PIERRE. Monsieur... Mlle Pauline, votre nièce, vient d'arriver avec sa gouvernante.

NORBLIN. Pauline!.. (*A Émile.*) C'était la femme que je te destinais.

ÉMILE, *montrant Henriette*. Voilà la mienne, mon père!

DUMESNIL, *à part*. J'espère encore...

DESROSIER. Et de trois!...

ACTE DEUXIÈME.

Un salon dans la même maison.

SCÈNE PREMIÈRE.

PAULINE, *entrant par la porte du fond*, DUMESNIL, *la suivant*.

PAULINE. Entrez, monsieur, entrez.

DUMESNIL. Merci, mademoiselle.

PAULINE. Mme Jenneval est à sa toilette, je l'ai fait prévenir que vous désiriez lui parler.

DUMESNIL. Quelque envie que j'aie de la voir, j'attendrai sans me plaindre, auprès de vous. Si je ne me trompe, vous êtes mademoiselle Pauline Wolf?

PAULINE. Oui, monsieur.

DUMESNIL. Et vous ne me reconnaissez pas?

PAULINE. Il me semble bien que je vous ai déjà vu, mais je ne saurais dire votre nom.

DUMESNIL. Dumesnil.

PAULINE. Ah! monsieur Dumesnil!... l'ami de mon oncle, de ma cousine Henriette, et aussi le mien, autrefois... Pardon de ne vous avoir pas reconnu d'abord; mais il y a déjà si long-temps que vous nous avez quittés...

DUMESNIL. Cinq ans, il est vrai... quelques mois après le mariage d'Émile, et vous n'étiez encore qu'un enfant. Les années nous ont traités bien différemment. A votre âge, on ne change que pour embellir; au mien... c'est tout le contraire.. peut-être ici personne ne me reconnaîtra.

PAULINE. Ne le pensez pas; ma cousine et son mari seront si contens de vous revoir!

DUMESNIL. Vous croyez?

PAULINE. J'en suis sûre; et, tenez, voici quelqu'un qui ne me donnera pas un démenti.

SCENE II.

Les Mêmes, HENRIETTE, *sortant d'une chambre à droite.*

PAULINE, *allant au-devant d'elle.* Henriette, je te présente monsieur, qui craint que tu ne l'aies oublié.

HENRIETTE. Dumesnil !

DUMESNIL. Henriette!

HENRIETTE. C'est vous, mon ami! ah! j'étais loin de m'attendre, quand on m'a annoncé une visite, que j'allais vous revoir ! Pourquoi ne m'avoir pas fait dire votre nom tout de suite? Je vous soupçonne une mauvaise pensée, mon ami ; vous avez voulu me laisser la surprise, pour que je n'arrivasse pas vers vous avec une joie étudiée, avec un visage composé peut-être, c'est mal ! c'est bien mal !... et vous devez être honteux maintenant.

DUMESNIL. Bonne Henriette!

PAULINE. Vous avais-je trompé, monsieur ?

DUMESNIL. Non... et je n'ai jamais douté de votre cœur, Henriette... mais il y a encore ici quelqu'un que je ne vois pas.

HENRIETTE. Mon mari?.. il est absent.

PAULINE. Je sais où il est... je vais le prévenir.

HENRIETTE, *vivement.* Envoie Pierre au-devant de lui, il est inutile que tu sortes.

PAULINE. Comme tu voudras, ma cousine. Adieu, monsieur, au revoir.

(*Elle sort par le fond.*)

SCENE III.

DUMESNIL, HENRIETTE.

DUMESNIL, *regardant sortir Pauline.* Charmante fille! si elle est aussi bonne que belle... Elle doit avoir dix-sept ans?

HENRIETTE. Oui.

DUMESNIL. Et elle demeure avec vous?

HENRIETTE. Elle n'a pas d'autres parens... mon mari est le seul que vous retrouverez dans cette maison... mon père...

DUMESNIL. Est mort, je le sais ; moins d'un an après votre mariage. La dernière lettre que j'ai reçue d'Émile m'en a instruit.

HENRIETTE. Et la réponse que vous nous avez faite est aussi la dernière que nous ayons reçue de vous!... Mon père vous a appelé bien souvent, pendant sa maladie ; qu'êtes-vous devenu? parlez.... des amis qui se retrouvent après cinq an-

nées de séparation ont beaucoup de choses à se raconter.

DUMESNIL. Et à se demander. Quant à moi, ce qui me regarde n'est pas long. Vous savez, Henriette, que je n'ai jamais été d'humeur bien sédentaire ; j'ai toujours aimé à courir le monde. Un riche Anglais m'a offert autrefois d'accompagner son fils malade en Italie! j'ai accepté.

HENRIETTE. Mais enfin, pourquoi avoir cessé de nous écrire?

DUMESNIL. J'avais cru remarquer dans les lettres d'Émile une certaine réserve... quelque contrainte... il semblait que c'était plutôt l'accomplissement d'un devoir de politesse que l'expression d'un sentiment véritable... et, de crainte d'être importun, j'ai gardé le silence. Je suis resté, pensant toujours à vous, auprès de mon malade, et cherchant non à le guérir, **toute** la science humaine n'y pouvait rien, mais à le distraire jusqu'au jour où il n'a plus eu besoin de moi. Alors je suis revenu en France, j'ai acheté une petite maison à trois lieues d'ici...

HENRIETTE. Depuis long-temps?

DUMESNIL. Depuis deux mois.

HENRIETTE. Et vous n'êtes pas venu plus tôt ?

DUMESNIL. Je voulais venir ; puis j'ai réfléchi, j'ai hésité... et tout en me disant : ils apprendront que je suis de retour dans le pays, ils m'écriront... tout en me disant : je n'irai pas, ce matin j'ai pris le chemin de votre maison, et me voilà, content de vous voir et rassuré par votre accueil. Je vous ai parlé de moi, Henriette, parlez-moi de vous maintenant.

HENRIETTE. Je n'ai qu'un mot à vous dire, mon ami, et c'est celui que vous attendez : je suis heureuse, bien heureuse ; mon mari m'aime. N'est-ce pas que je vous ai deviné? n'est-ce pas que c'est cela que vous vouliez d'abord savoir de moi?

DUMESNIL. Oui , Henriette, oui.

HENRIETTE. Et vous n'auriez pas osé le demander; aussi je vous le dis tout de suite. Tant que mon père a vécu, nous sommes restés ici avec lui. A sa mort, cette maison nous rappelait à chaque pas des souvenirs cruels, trop récens... nous avons été à Paris, notre fortune nous le permettait. Là cette existence bruyante, agitée, à laquelle je n'avais pas été habituée, les spectacles, les soirées, le bruit et l'éclat me fatiguèrent ; je souffrais, mais sans me plaindre ; mon mari s'en aperçut, et il m'offrit de reprendre notre vie calme et paisible d'autrefois. Nous sommes revenus au foyer paternel avec Pauline, qui avait alors achevé son éducation dans un pensionnat; car, après la mort de sa mère, sa gouvernante l'avait quittée pour retourner en Allemagne, à Stuttgard.

DUMESNIL. Ainsi jamais un nuage...

HENRIETTE. Jamais ! nous vivons entre nous et pour nous.

DUMESNIL. Chaque mot que vous me dites, Henriette, soulage mon cœur d'un poids qui m'accablait. Maintenant je puis vous avouer pourquoi je redoutais de vous voir : j'avais si peur que vous ne fussiez pas heureuse ! je me reprochais comme une faute de n'avoir pas usé de toute mon autorité sur l'esprit de votre père pour empêcher ce mariage... votre malheur eût été un remords pour moi. C'est que vous ne savez pas...

HENRIETTE. Je sais tout, mon ami, mon mari m'a tout dit : vous avez trahi mon secret autrefois; mais rassurez-vous, je ne désire rien que ce que le ciel n'a pas voulu m'accorder ; des enfans ! ma vie est tranquille, je vous le répète ; je suis heureuse, et un soupçon serait presque une offense pour Émile. Ce n'est plus l'amour passionné, l'exaltation des premiers temps, mais ce sont les mêmes soins, les mêmes attentions, les mêmes paroles affectueuses... une femme serait bien exigeante si elle demandait plus.

DUMESNIL. Je vous crois, et cependant il me semble que votre visage porte une empreinte de tristesse profonde qui m'avait alarmé. Pardon si j'insiste, mais c'est pour moi une affaire de conscience, voyez-vous ?

HENRIETTE, avec embarras. Cette expression de tristesse que vous croyez voir, c'est l'habitude d'une vie sérieuse, isolée ! les souffrances qui n'existent plus laissent toujours des traces de leur passage... j'ai été si malheureuse autrefois, j'ai tant pleuré, j'ai tant de fois souhaité mourir, j'ai cru si long-temps, vous le savez, qu'une destinée fatale pesait sur moi et m'avait condamnée à l'avance, comme une victime...

DUMESNIL. Et maintenant ces idées ?...

HENRIETTE. Je ne les ai plus ; mais leur souvenir, présent partout, a jeté sur ma vie une teinte de mélancolie. Quand je suis seule, je parcours les allées du parc où je fuyais sa présence, où j'allais cacher mes craintes et mon amour pour lui ; cette chambre est celle où je me renfermais pour penser à lui, puisque je ne pouvais l'oublier... c'est encore celle-là que j'ai choisie pour m'y retirer... je lui ai laissé ses meubles, les meubles de ma mère quand elle était jeune ; j'ai fait de cette chambre une sorte d'asile, de sanctuaire, où personne n'entre que moi, où j'attends son retour; et là, en songeant au malheur que je redoutais et que j'ai évité, je pleure parfois... mais ce sont de douces larmes, je vous jure, et je vous le dis, Dumesnil, pour que vous sachiez bien ce qui les fait couler, pour que vous vous gardiez de faire peser sur mon mari des reproches qu'il ne mérite pas. Confiante, aimante et sûre d'être aimée, n'est-ce pas que je suis une femme bien heureuse?

DUMESNIL. S'il en est ainsi, vous me verrez souvent, Henriette.

HENRIETTE. Restez-vous quelques jours avec nous ?

DUMESNIL. Peut-être.

HENRIETTE. Vous retrouverez encore une ancienne connaissance.

DUMESNIL. M. Desrosier : je l'ai rencontré en venant ici : il a paru charmé de me voir, et surtout d'apprendre que je me rendais chez vous; il a, dit-il, des confidences à me faire.

HENRIETTE. Il avait rompu toutes relations avec nous dans les premiers temps, mais il est revenu depuis deux ans ; il n'a pas conservé de rancune : vous le connaissez, c'est au demeurant un fort honnête homme, un magistrat sévère, pénétré de l'importance de ses fonctions, et, malgré son zèle, attendant encore de l'avancement.

DUMESNIL. Et une femme?

HENRIETTE. Oui.

DUMESNIL. Eh bien ! nous sommes dans les vacances, c'est le temps où il cherche... il vient peut-être ici avec des intentions sur Mlle Pauline ?

HENRIETTE. Nous le saurons.

DUMESNIL. L'aime-t-elle ?

HENRIETTE. Je ne l'ai jamais interrogée.

<hr>

SCENE IV.

LES MÊMES, PAULINE, puis ÉMILE.

PAULINE, accourant. Le voilà !.... le voilà !. (Elle se tient à la porte et au moment où Émile entre, elle lui met la main sur les yeux.) Devinez.

ÉMILE. Enfant !.. laissez-moi.

PAULINE. Non, je veux que vous deviniez.

HENRIETTE. Pauline. .

ÉMILE, *repoussant vivement Pauline.* Cette plaisanterie me fatigue. (*Voyant d'abord sa femme qui s'est rapprochée de lui.*) Si c'eût été vous, Henriette, je n'aurais pas repoussé votre main.

DUMESNIL. Prendrez-vous de bon cœur la mienne ?

ÉMILE. Dumesnil! ah! que je suis aise de vous revoir!

DUMESNIL. Embrassons-nous donc comme autrefois après une absence.

ÉMILE. Avec plaisir...

(Ils s'embrassent.)

DUMESNIL , *à part.* Comme son accueil est froid !

ÉMILE , *à part.* Que vient-il faire ici ? épier des regards, surprendre des secrets! (*Haut.*) Mais c'est une surprise. (*A Henriette.*) Vous le saviez, Henriette?

HENRIETTE. Depuis un quart d'heure, et j'avais chargé Pauline d'envoyer Pierre vous prévenir.

ÉMILE. C'est justement ce qu'elle n'a pas fait; elle est venue me trouver sans me dire qui m'attendait... et elle m'a amené presque de force jusqu'ici.

PAULINE. Oh ! de force, vous marchiez devant moi.

ÉMILE , *à sa femme.* C'est vrai; mais je revenais près de vous. (*Regardant Pauline.*) L'obéissance n'est pas sa première qualité.

DUMESNIL. Allons!.. allons... il ne faut pas la gronder pour si peu de chose...

HENRIETTE. Émile...

ÉMILE. Prévenu comme vous le désiriez, je serais accouru avec empressement, avec joie... tandis que l'étonnement m'a presque rendu muet... j'ai été saisi, et Dumesnil pourrait supposer que sa présence...

DUMESNIL. Non... non... d'ailleurs , je lui pardonne.

PAULINE. Et vous, mon cousin ?

ÉMILE , *à Dumesnil.* Vous êtes trop bon.

DUMESNIL. Et vous trop sévère.

PAULINE. Oui , monsieur Dumesnil, oui, prenez ma défense, je suis bien aise de le dire devant vous... je fais tout ce que je peux pour lui être agréable; ce sont des reproches , des querelles sans sujet... l'autre jour il paraissait souffrir... il était plus sombre que de coutume, d'une tristesse affreuse.

(Émile fait un mouvement d'impatience.)

HENRIETTE. Pauline...

PAULINE. Tu n'étais pas avec nous , ma cousine, tu ne le sais pas... Pour le distraire je me suis mise au piano... je

n'ai jamais mieux chanté , monsieur Dumesnil... je le voyais, il était près de moi qui m'écoutait et des larmes coulaient de ses yeux... et je me disais tout bas : Chantons encore, ces larmes le soulagent !... Tout-à-coup il s'est levé et quand je m'attendais à un remerciement, il m'a quittée brusquement en m'adressant des paroles dures et méchantes... Pourquoi? je vous le demande...

ÉMILE. Finissons.

PAULINE, *à Dumesnil.* Il ne s'agit pas de moi seulement, mais de lui.... Il est bien changé, allez... Toujours seul, fuyant le monde, nous restons des journées entières sans le voir... Il passe son temps à la chasse, il se fatigue à dompter des chevaux, et puis il ne prend pas soin de sa santé. Hier au soir encore, par un orage affreux, il est rentré à minuit.

ÉMILE. Vous vous trompez.

PAULINE. Je vous ai vu...

HENRIETTE, *à part.* Moi aussi.

PAULINE, *à Dumesnil.* Vous obtiendrez de lui qu'il ne nous cause plus ces inquiétudes... et, en attendant, il ne m'en voudra pas de ce que j'ai dit. (*S'approchant d'Émile.*) N'est-ce pas, vous ne m'en voudrez plus?... (*A Dumesnil.*) Je ne le tutoie pas... c'est singulier, n'est-ce pas, entre parens! Mais c'est lui qui n'a pas voulu... (*A Émile.*) Eh bien?

ÉMILE. Rentrez dans votre chambre, Pauline, et une autre fois épargnez-nous vos réflexions : il y a ici quelqu'un qui aurait le droit de contrôler ma conduite et qui ne la blâme pas.

HENRIETTE. Non, mon ami, non.

ÉMILE. Tu es bonne toi, bien bonne et je t'aime toujours. (*A Pauline.*) Rentrez.

PAULINE. Vous voyez.... il me renvoie, monsieur Dumesnil ; il me semble que, de la part de tout autre, cette sévérité me ferait moins de peine.

DUMESNIL. Allez, je ferai votre paix avec lui.

(Il la reconduit.)

ÉMILE, *à part.* Pauvre enfant!

HENRIETTE , *à part.* Ce n'est pas elle peut-être qui souffre le plus.

⁂

SCENE V.

HENRIETTE, DUMESNIL , ÉMILE.

DUMESNIL. Eh bien! mes bons amis, une discussion sans importance, le bavardage étourdi d'une jeune fille ne doit pas nous attrister et troubler la joie de notre réunion... Voyons, Émile, comment me ferez-vous passer mon temps aujourd'hui ? J'étais chasseur autrefois... Eh ! parbleu ! c'est moi qui le premier vous ai mis un fusil entre les mains..... un pari que j'ai encore un aussi bon coup d'œil que vous...

ÉMILE. J'accepte.

DUMESNIL. Avec la permission d'Henriette pourtant ; car il serait plus poli de rester auprès d'elle.

HENRIETTE. Ne vous gênez pas pour moi.

ÉMILE. Toujours la même, complaisante, dévouée.

HENRIETTE. Et puis nous nous retrouverons ce soir.

DUMESNIL. A table, c'est cela, et nous causerons.

HENRIETTE. Vous coucherez ici..... je vais vous faire préparer votre ancienne chambre.

ÉMILE. Ce bon Dumesnil ! Je ne lui ai même pas demandé depuis quand il était revenu...

DUMESNIL. J'ai tout conté à votre femme, elle vous dira cela... partons, en chasse, en chasse...

ÉMILE. Oui, du mouvement, de l'activité, de la fatigue, voilà ce qu'il me faut... l'émotion du chasseur qui épie sa proie et qui la poursuit dans les airs, qui s'en empare... les cris de la meute, le bruit des armes à feu, l'odeur de la poudre, tout cela m'anime, m'enivre... On ne pense plus alors, on ne réfléchit plus, on s'agite, on vit ! Mon père était général, Dumesnil, il a connu le danger, il a bravé la mort, il a eu des villes à prendre, des ennemis à combattre. Oh ! c'est une belle vie que celle-là, une vie heureuse, toujours agitée, où la pensée ne consume pas un corps énervé par le repos ! Partons, partons !

DUMESNIL. Je vous suis... (*A Henriette.*) A propos, si M. Desrosier arrive, vous le prierez de m'attendre.

ÉMILE. Desrosier ? il est venu hier.

DUMESNIL. Cela ne l'empêchera pas de revenir aujourd'hui !

ÉMILE, *à part.* Toujours cet homme !..

DUMESNIL. Il a une confidence à me faire.

PIERRE, *au fond.* M. Desrosiers.

ÉMILE. Faites-le entrer ; le docteur est ici. Recevez-le, je vous laisse.

DUMESNIL. Pourquoi ne pas rester ! nous sortirons ensemble tout-à-l'heure.

ÉMILE. Non ; un étranger qui vient se placer entre des amis !... il y a des gens d'une indiscrétion !.. qui ont la rage de vous parler de leurs affaires, de leurs projets !.... recevez-le, puisqu'il le faut..... quant à moi, je ne désire pas savoir ce qui l'amène... Adieu, à tantôt.

(Il sort.)

HENRIETTE, *à part, regardant Dumesnil.* Que va-t-il penser ?

DUMESNIL, *à part.* C'est étrange !.. Ah ! je crains bien d'être de trop ici, je n'y reviendrai pas.

SCENE VI.
HENRIETTE, DUMESNIL, DESROSIER.

DESROSIER, *saluant.* Madame, j'arrive mal-à-propos peut-être, on m'avait dit que M. Jenneval était ici. Est-ce moi qui l'ai fait fuir ?

HENRIETTE. Point du tout, il nous quitte... et je vous présente ses excuses.

DESROSIER. Il ne m'en doit aucune ; d'ailleurs, je suis habitué à cette humeur sauvage, et vous aussi, madame... Il n'y a que le cher docteur que cela pourrait étonner.

DUMESNIL. Je ne vois rien là d'étonnant.

DESROSIER. Je vous demande pardon ; dans notre position, c'est lui qui devrait plutôt faire les avances... car, enfin, il l'a emporté autrefois, madame, et franchement j'ai craint que ses préventions ne fussent les vôtres... Aussi, quand j'ai rencontré ce matin M. Dumesnil, j'ai pris la résolution de le choisir pour intermédiaire entre vous et moi... J'espère qu'il voudra bien appuyer une demande que j'avais hésité à vous faire directement.

DUMESNIL. Parlez... je plaiderai votre cause.

DESROSIER. Séance tenante..... sans désemparer : voici le premier point : je suis amoureux.

DUMESNIL. Oh !

DESROSIER. Second point : je veux me marier.

DUMESNIL. C'est à ma connaissance la quatrième fois que l'envie vous en prend.

DESROSIER. Oui... mais, troisième et dernier point : je suis aimé.

DUMESNIL. Il me semble alors que l'affaire peut s'arranger facilement, et que vous n'avez guère besoin de moi, ni de personne...

DESROSIER. Si fait, si fait ; il faut le consentement de la famille ; et si les parens de Mlle Pauline...

HENRIETTE. C'est elle ?

DESROSIER. Oui , madame, je l'aime.

HENRIETTE. Et vous en êtes aimé ? Elle vous l'a dit ?

DESROSIER. Non... mais il est certaines circonstances qui échappent à des yeux indifférens, et qu'un amant remarque.

DUMESNIL. Dites... quels sont ces indices ?

DESROSIER. Oh! cette fois, docteur, j'ai été prudent... je me suis souvenu de vos épigrammes , qui étaient justes , j'en conviens... j'ai observé long-temps, j'ai gardé le silence, et si je me décide à prendre la parole, c'est que ma conviction est appuyée sur de bonnes preuves. D'abord , je n'ai pas de rival à craindre; on ne reçoit ici que le curé... le maire , respectable fonctionnaire de 80 ans...et moi... Vous avouerez qu'il était difficile de mieux s'adresser.

DUMESNIL. Oui... oui...

DESROSIER, *riant*. A moins que vous ne supposiez encore M. Jenneval capable de me supplanter... alors, c'est madame qui nous répondrait.

HENRIETTE, *vivement*. Mais Pauline vous aime , disiez-vous ? comment l'avez vous appris ?

DESROSIER. Nous autres, au palais , nous avons l'habitude de deviner, de saisir les analogies. Une jeune personne est d'une humeur inégale, capricieuse, tantôt gaie, tantôt triste... qu'est-ce que cela indique ? un trouble intérieur : or , à cet âge , où l'on a point de véritable chagrin , qui peut faire naître ce trouble, si ce n'est l'amour? C'est là ce que nous appelons raisonner par induction.

DUMESNIL , *à part*. Si c'est avec cette pénétration qu'il distingue l'innocent du coupable...

DESROSIER. Les circonstances se présentent-elles dans l'espèce? précisément. Je n'ai jamais vu Mlle Pauline m'accueillir deux fois de suite de la même manière : un jour, d'une gaité folle; le lendemain, rêveuse... J'ai remarqué aussi qu'elle se tient souvent sur la terrasse du jardin qui domine la route par laquelle j'arrive...vous le savez bien , madame ?

HENRIETTE. Oui.

DESROSIER. Hier encore, je vous ai quittée assez tard, après minuit... elle était à la fenêtre de sa chambre, elle m'a vu m'éloigner.

HENRIETTE. Ah!

DESROSIER. Franchement , je crois que ce sont là des indices !..

DUMESNIL , *à part*. Pauvre tête , va !

DESROSIER. Qu'en pensez-vous , docteur ? ai-je bien compris votre maxime? La première chose à faire quand on désire se marier , c'est de savoir si une femme veut vous épouser.

DUMESNIL, *à part*. Il me donnerait envie de lui rire au nez, si je ne craignais. (*Haut.*) Ce n'est pas à moi à vous répondre.

DESROSIER. Madame , vous connaissez ma fortune, j'ai la certitude d'un prochain avancement, puis-je espérer ?..

HENRIETTE. Oui , monsieur.

DUMESNIL. Eh bien! je parlerai à Mlle Pauline.

HENRIETTE, *vivement*. Je m'en charge.

DUMESNIL. Vous !

HENRIETTE. Je lirai mieux que vous encore dans le cœur de Pauline. (*Elle sonne. A Pierre, qui paraît au fond.*) Priez M^l Wolf de venir me trouver ici. (*Pierre sort.*) Je l'interrogerai sur ses sentimens... Si vous voyez mon mari, ne lui dites rien et dans une heure, vous saurez la réponse de Pauline.

DESROSIER. Conseillée par vous, j'espère qu'elle consentira.

HENRIETTE. Je l'espère aussi. La voilà. Laissez-moi avec elle.

(*Pauline est entrée; elle a l'air triste.*)

DESROSIER *à* DUMESNIL. Qu'est-ce que je disais ? Hier, elle a ri quand je suis entré; aujourd'hui, vous voyez!...

DUMESNIL. Que répondra-t-elle ?

(*Il sort avec Desrosier.*)

<hr>

SCENE VII.
HENRIETTE, PAULINE.

HENRIETTE, *à part*. Comme elle est belle! comme elle est jeune!

PAULINE. Qu'as-tu donc, ma cousine? Tu as l'air agité, souffrant.

HENRIETTE. Moi ! non.

PAULINE. Tu m'as fait demander? M'en veut-il encore ?

HENRIETTE, *à part*. Toujours lui!.. (*Haut.*) Pauline?

PAULINE. C'est que j'ai tant de chagrin quand il se fâche!..

HENRIETTE. Laissons cela... et parlons de choses plus sérieuses!.., Pauline, nous songeons à ton bonheur, à ton établissement.

PAULINE. Que dis-tu?

HENRIETTE. Oui, nous désirons te marier.

PAULINE. Moi! y penses-tu, ma cousine? me séparer de toi et d'Émile...

HENRIETTE. Sans doute.

PAULINE. A mon âge!! Pourquoi se p...

? Si je me marie un jour, ce sera le
 s tard possible... dans quelques an-
 es, comme tu as fait, toi, qui es si heu-
 se!

HENRIETTE. Ne vous fiez pas à mon
 mple. Il faut vous marier jeune à un
 mme plus âgé que vous, qui soit votre
 ide, votre appui; dont la raison plus
 ûre soit exempte de faiblesse; voilà le
 rti qui vous convient, et nous l'avons
 ouvé.

PAULINE. Non, non; ne me parle pas
 si. Je ne sais ce que j'éprouve, pour-
 oi mon cœur se serre.... Je tremble....
 on existence actuelle est si heureuse! je
 en veux pas changer.

HENRIETTE. Quoi! vous refuseriez?

PAULINE. Tout au monde pour rester
 ès de vous.

HENRIETTE. Il faut pourtant que ce ma-
 age s'accomplisse.

PAULINE. Sans ma volonté? Aurait-on
 ntention de me contraindre?

HENRIETTE. Peut-être! si votre bonheur,
 le nôtre à tous en dépend.

PAULINE. Ah! voilà ce que ma mère
 eût jamais fait.

HENRIETTE. J'ai ses droits; je les fe-
 ai valoir.

PAULINE. Ne l'espérez pas, ma cousine.
 e saurais me défendre.

HENRIETTE. Quand vous connaîtrez ce-
 ii qu'on vous destine.

PAULINE. Non, non, je ne veux pas le
 onnaître.

HENRIETTE. Vous l'épouserez. Je le
 eux.

PAULINE. Quelle tyrannie! Bien certai-
 ement Emile ne m'y forcera pas.

HENRIETTE. Emile!..

PAULINE. Il me protégera.

HENRIETTE. N'invoquez pas ce nom; il
 ous condamne.

PAULINE. Que dites-vous?

HENRIETTE. Imprudente! Ce mariage
 st votre unique refuge.

PAULINE. Mon refuge!

HENRIETTE. Contre vous-même et con-
 re lui.

PAULINE. Émile?

HENRIETTE. Malheureuse! tu l'aimes!

PAULINE. Moi?

HENRIETTE. Oui! vous l'aimez! Croyez-
 vous donc que je l'ignore? que je sois
 aveugle? que je ne voie rien? que je ne
 me souvienne de rien? que je n'aie pas lu
 dans votre cœur?

PAULINE. Ciel!

HENRIETTE. Osez dire que je me suis
 trompée, osez.. Ah! vous ne répondez pas!

PAULINE, *la repoussant.* Laissez-moi,
madame, laissez-moi. Je n'étais pas coupable tou-tà-l'heure, et maintenant, oh!
maintenant je le suis; car maintenant je
sais que je l'aime. J'étais innocente, pure
comme l'amitié à laquelle je croyais...
et d'un mot vous m'avez éclairée!...
Affreuse lumière!... Il fallait me laisser
mon ignorance, madame, et ne pas me
dire ce que je ne m'étais jamais dit...

(Elle tombe sur une chaise.)

HENRIETTE, *à part.* Imprudente! Qu'ai-
je fait!.... Il ne l'aime pas peut-être.
(*Haut.*) Pauline, écoute-moi. La colère
m'a égarée. Je ne t'accuse pas..... Cet
amour, tu l'oublieras aisément.... Ne ré-
ponds pas... Tu l'oublieras.... A ton âge,
l'amour, c'est la première sensation, le
premier battement d'un cœur qui s'éveille...
à ton âge, il fait pleurer... plus tard, il fait
mourir... Cet amour-là, tu ne peux le con-
naître... tu n'as pas eu le temps de lui
donner ta jeunesse à flétrir, ta vie à remplir d'amertumes et de craintes pour quelques heures de joie et de bonheur... Moi,
Pauline, je l'aime plus que toi; pour le
rendre heureux, je me sacrifierais; pour
lui épargner un chagrin, je me condamne-
rais à des larmes éternelles; je mourrais!

PAULINE. Ah! madame!

HENRIETTE. Pauline, je l'aimais avant
toi.

PAULINE, *se levant.* Henriette!..

HENRIETTE. Donne-moi ce nom comme
autrefois, comme hier encore... Je t'ai élevée, Pauline; je t'ai reçue des mains de
ta mère et de mon père, et je leur ai promis de te protéger; ne me rends pas le
mal pour le bien!.. Oublie que tu as cru
l'aimer...

PAULINE. Henriette! pardon... pardon..
j'obéirai, j'assurerai ton repos... dispose
de ma main; j'accepte un devoir, un devoir sacré, et je le remplirai. Nous serons
étrangères l'une à l'autre, puisqu'il le faut.
Sois tranquille, il ne m'aime pas, il ne me
l'a jamais dit.

HENRIETTE. Chère enfant!

PAULINE. C'est un secret qui restera entre nous deux.... Je serai maîtresse de
moi... ni lui ni les autres ne sauront rien.
Je reprendrai courage! On vient!... Ton
mari!.. Ah! je ne veux pas qu'il me re-
voie maintenant. Adieu, adieu, Henriette.

(Elle sort précipitamment.)

HENRIETTE, *seule un instant.* Il ne l'ai-
merait pas!..

SCENE VIII.

HENRIETTE, ÉMILE.

HENRIETTE, *courant au-devant de lui.* Ah ! c'est toi, mon cher ami...

ÉMILE. Quel empressement !

HENRIETTE. Je suis heureuse ! oui, bien heureuse !

ÉMILE. Pourquoi ?

HENRIETTE. Des inquiétudes dissipées ! un riant avenir pour nos amis... J'ai vu Pauline...

ÉMILE. Pauline?

HENRIETTE. Elle consent à tout.

ÉMILE. A quoi?

HENRIETTE. A s'éloigner.

ÉMILE. S'éloigner ! Pauline?

HENRIETTE. Sans doute.

ÉMILE. Comment? pour quels motifs?

HENRIETTE. Tu ne devines pas? Si elle nous quitte, c'est qu'elle a trouvé un protecteur, un appui; on m'a fait la demande de sa main, et, comme son cœur est libre, je la marie à M. Desrosier... si tu y consens...

ÉMILE. Elle a accepté ?

HENRIETTE. Oui. Et toi?

ÉMILE. Sans y être contrainte?

HENRIETTE. Oui. Mais toi?

ÉMILE. Moi, j'y consens, c'est un bon parti. Et puis, à quoi bon s'opposer à ce qui est décidé à l'avance ? Tout était convenu... Dumesnil, sans doute, est revenu ici tout exprès... lui, l'intermédiaire obligé ! Je m'étonne que ce ne soit pas lui qui m'en ait parlé.

HENRIETTE. C'est moi qui ai reçu les confidences de M. Desrosier... C'est moi qui ai tout fait.

ÉMILE. Vous?

HENRIETTE. Quand veux-tu que ce mariage ait lieu?

ÉMILE. Mais quand vous voudrez, madame, car, moi, je ne suis rien ici... je n'ai pas d'influence, pas d'autorité... j'arrive pour signer au contrat.

HENRIETTE. Mon ami!

ÉMILE. C'est bien, c'est bien... quand vous voudrez, vous dis-je... quand elle voudra... demain, aujourd'hui, le plus tôt possible.

HENRIETTE, *à part.* Quel trouble !

ÉMILE. Les voici!

SCENE IX.

LES MÊMES, DUMESNIL, DESROSIER

DESROSIER. Eh bien ! madame, dois-je craindre encore? Je n'ai pu m'assurer de mon côté auprès de Mlle Pauline... le docteur n'a pas voulu me quitter un instant... mais tout-à-l'heure je l'ai aperçue.... il m'a semblé qu'elle pleurait.

(Emile fait un mouvement que remarque Dumesnil.

DUMESNIL. Eh ! non, vous dis-je.

DESROSIER. Ou qu'elle avait pleuré... cela se pourrait bien. Je suis si habitué aux catastrophes.

(Nouveau mouvement d'Emile.)

HENRIETTE, *bas, à son mari.* Prenez garde, nous ne sommes pas seuls.

DESROSIER. Enfin, quelle réponse ?

ÉMILE. Pauline, interrogée par ma femme, accepte l'offre de votre main, monsieur Desrosier.

DESROSIER. Il se pourrait !.. Vous ne vous moquerez plus de moi, docteur.

ÉMILE. Après elle, je n'avais plus qu'à donner mon consentement... je le donne.

DESROSIER. Quel bonheur ! je n'y crois pas... c'est un rêve, me voilà marié !.. Que de remerciemens, madame... et vous aussi !

DUMESNIL, *à part.* Comment se fait-il (*Haut.*) Ce mariage sera prochain, sans doute ?

ÉMILE. Puisque nous sommes tous d'accord...

DUMESNIL. Il n'y a pas de difficultés. et dans trois ou quatre jours...

ÉMILE. Soit.

DESROSIER. C'est vous qui servirez de père à la mariée ?

ÉMILE. Oui.

DESROSIER. Qui la conduirez à l'autel

ÉMILE. Oui... la nuit est presque venue faites apporter des lumières.

HENRIETTE, *sonne; à part.* Il paraît moins troublé... sa voix est assurée. (*Pierre entre avec des flambeaux. — Regardant son mari.*) Comme il est pâle !

ÉMILE, *bas à Dumesnil.* Restez ou revenez ici... il faut que je vous parle.

DUMESNIL. Moi aussi.

HENRIETTE. Monsieur Desrosier, Pauline ne reparaîtra pas ce soir. Un peu d'émotion de sa part, un peu de fatigue de la mienne... nous ne vous retenons pas.

DESROSIER. Je me retire... le temps superbe..... la route belle et sûre..

'ailleurs, ce soir, je ne crains rien... je
suis heureux, je voudrais rencontrer une
troupe de bandits pour les conduire moi-
même au procureur du roi... Je vous demande la permission de me présenter demain.

HENRIETTE. Dumesnil, votre apparte-
ment est prêt.

DUMESNIL. Merci.

ÉMILE. Je vais vous y conduire.

DESROSIER. Messieurs, au revoir, à demain.

ÉMILE. A demain.

HENRIETTE, *à part.* Il veut rester avec
Dumesnil... Qu'a-t-il à lui dire? Oh! je le
saurai.

Elle entre dans la chambre à droite en regardant
son mari, pendant que Desrosier sort par le fond.)

SCENE X.

ÉMILE, DUMESNIL.

ÉMILE. J'ai cru que je n'aurais pas la
force de supporter cette épreuve jusqu'au
bout.

DUMESNIL. Vous avez désiré me parler;
puis-je quelque chose pour vous?

ÉMILE. Oui. (*Il va regarder si personne
ne les écoute.*) Vous me trouvez changé,
souffrant, n'est-ce pas? Vos regards, qui ne
quittent pas les miens, ont surpris sur mon
visage les traces de la douleur... vous n'ê-
tes pas le seul, Dumesnil; ma femme aussi
l'a remarqué, et s'en inquiète. Contem-
plez donc à votre aise votre ouvrage!

DUMESNIL. Emile!

ÉMILE. Mais, pour le mal que vous avez
fait, je vous demande un service, et j'oublierai tout; j'oublierai que vous avez parlé autrefois, et que votre imprudence m'a
condamné à un malheur éternel. Ecoutez-
moi, il faut que je parte, que je m'éloigne
d'ici avant trois jours. Demain, oui, demain, vous direz que j'ai besoin de distractions, de changer d'air, qu'il y va de ma
vie, et vous ne mentirez pas. Enfin, en-
voyez-moi aux eaux, où vous voudrez, peu
m'importe, pourvu que je parte, et seul.

DUMESNIL. Et vous avez compté sur
moi?

ÉMILE. Vous refusez!.. vous ne savez
donc pas?..

DUMESNIL. Je sais tout... et c'est à vous
de m'écouter d'abord. Oui, le mal qui
vous tourmente m'est connu; oui, j'ai son-
dé la plaie secrète de votre cœur, et si je
suis instruit, n'en accusez que vous, Émile,
vous seul, car personne ici ne vous a trahi;

celle que vous aviez promis de rendre
heureuse, et que vous voulez abandonner
lâchement, celle-là a été la première à
vous défendre... Elle a mis sa bonté et son
amour entre mes soupçons et votre faute.
Je suis vieux, Émile; j'ai le droit de
parler sévèrement à un jeune insensé
qui méconnaît ses devoirs, après avoir
méprisé mes conseils, et qui, déchiré par
une passion mauvaise, met sa conscience
en repos, en me renvoyant ses torts. Le
mal que j'ai fait, dites-vous! j'ai livré à
votre honneur l'avenir d'une femme; je
vous ai demandé grâce pour elle... et vous
l'êtes allé trouver, et vous l'avez troublée
de vos regards qu'elle évitait, enivrée de
vos paroles qu'elle ne voulait pas entendre;
vous vous êtes attaché à elle... et maintenant, du fond de l'abîme où vous l'avez
entraînée, vous criez vers moi, non pour
demander pardon, mais pour me maudire!.. Reprenons nos rôles, jeune homme,
et répondez à votre tour.

ÉMILE. Vous me croyez coupable, Dumesnil?

DUMESNIL. Ne l'êtes-vous pas?

ÉMILE. Ah! ne croyez pas que je me sois
fait un jeu de mes promesses, que je lui
aie laissé l'abandon, et que j'aie pris pour
moi l'adultère... Non, non... toute pro-
messe est sainte, tout serment est sacré...
tant pis pour celui qui l'a prononcé!

DUMESNIL. Mon ami!

ÉMILE. Ce sont ceux qui se font une mo-
rale facile... ceux qui trompent leurs
femmes... qui sont heureux. Ceux-là peuvent sourire... ils ont fait un pacte avec
le vice et le mensonge!.. Moi, Dumesnil,
je meurs étouffé dans la chaîne que je me
suis donnée.

DUMESNIL. Émile!

ÉMILE. J'aurais dû vous croire, mon
ami, et savoir que la vertu véritable de
l'homme n'est que la faiblesse qui se re-
doute elle-même, et s'abstient de défier
les passions. Mais j'étais de bonne foi, il y
a cinq ans. J'ai aimé Henriette sincère-
ment.. mon cœur, qui n'avait pas encore
parlé, n'a vu que sa douleur, n'a compris
que le plaisir de sécher ses larmes. Elle a été
heureuse avec moi.. Peut-être, si son père
avait vécu, peut-être si nous étions restés ici,
elle le serait encore...c'est le monde qui nous
a perdus, le monde à qui nous avons livré
comme une proie notre bonheur et notre
amour.. Je ne voyais qu'elle, Dumesnil, je
l'aimais, et j'étais fier de sa beauté; je croyais
que chacun aurait pour elle les mêmes yeux
que moi, et chacun remarquait la diffé-
rence que j'avais oubliée; on allait jusqu'à

me plaindre ; on disait que j'avais vendu
mon avenir : une fois, j'ai été obligé de ris-
quer ma vie contre un insolent qui préten-
dait que mon mariage avec une femme
plus âgée que moi n'était que la répara-
tion forcée d'une faute. Ces sarcasmes, elle
les entendait aussi, elle les bravait ; nous
ne nous quittions pas ; on nous voyait
partout ensemble... mais sa santé y suc-
comba... elle se flétrit... elle douta de moi,
et, pour la rassurer, je la ramenai ici. Je
l'aimais toujours, Dumesnil, je ne voulais
aimer qu'elle... j'étais sûr de moi... insensé !.. J'ignorais quel ver rongeur était entré dans mon sein. Nous vécûmes seuls,
comme auparavant, avec Pauline, à laquelle je voulais servir de père... mais le
charme était détruit entre Henriette et moi ;
je vis alors ce que je n'avais pas encore vu :
d'un côté la jeunesse, la vie active, le désir
d'émotions nouvelles... de l'autre, la langueur, le besoin de repos ; l'oisiveté me pesait, mais, pour la fuir, il fallait rentrer dans
ce monde où l'on avait blessé mon orgueil...
Je voulais voyager, mais son amour s'a-
larmait de me laisser partir, et elle ne pouvait me suivre. Toujours un obstacle à mes
désirs, toujours des goûts différens... et la
distance qui nous séparait, reculant et s'a-
grandissant toujours entre nous... que vous
dirai-je, Dumesnil? Ce que je regrettais de
ne plus trouver en elle, une autre me l'of-
frait, une autre qui aurait partagé mes
goûts, qui aurait fait envier mon bonheur
à tous... une autre qui m'aime... car elle
m'aime !.. Vous m'avez appris autrefois à
quels signes on devinait de tels secrets...
Elle m'aime parce que nous sommes jeunes
tous deux, tous deux pleins d'avenir, parce
que le ciel nous a mesuré la même destinée,
compté les mêmes années de joies et de plai-
sirs. Elle m'aime... et il faut que je la perde,
que je lui dise de m'oublier ou de souffrir,
et d'être malheureuse comme moi !.. Il faut
que je la remette aux bras de cet homme !
Non, non... je partirai... ma force est à
bout... j'ai consenti, mais ne me demandez rien de plus... je ne serai point témoin de cet hymen.

DUMESNIL. Emile, songez-vous que ce
départ..?

ÉMILE. Aimez-vous mieux que j'éclate
aux yeux du monde? que j'attache publi-
quement la honte au front d'Henriette, et
que j'affiche le scandale de mes amours
adultères ? Aimez-vous mieux, Dumesnil,
que j'aille trouver cette jeune fille que j'ai
laissée pure et innocente jusqu'à présent,
et que je lui rende son devoir impossible,
ou que, pour empêcher ce mariage, j'in-

sulte Desrosier et prenne sa vie? Je vou
dis que ma force est à bout, et que je sou
fre trop pour me taire... Ne m'accusez pas d
faiblesse... vous ne savez pas ce que l'on per
de résolution dans ces luttes intérieures
comme la pensée du mal grandit sourde
ment, au milieu de cette existence double
sans cesse entachée de perfidie, et partagé
entre le remords qui tue et la passion qu
sollicite... Pour l'une, je n'ai que des cares
ses, pour l'autre que des reproches... Mer
songe que tout cela! celle que j'afflige, je l'a
me, les larmes que je fais couler, je voudra
les recueillir, les sécher avec mes baisers
celle que je dis aimer, je la sauverais a
péril de ma vie... mais elle est l'obstacle
mon bonheur... sans elle, je serais heu
reux. Oh ! vous ne savez pas, ne cherche
pas à savoir ce que le cœur qui résiste en
core peut renfermer d'odieuses pensées.

(Il tombe sur une chaise.)

DUMESNIL. Pauvre femme! mon Dieu
protégez-la.

ÉMILE, se levant. N'ai-je pas entendu d
bruit ?

DUMESNIL. Non, personne.

ÉMILE, baissant la voix. Ecoutez, je pou
rais fuir, quitter cette maison... mais il m
faut un prétexte aux yeux d'Henriette, au
yeux du monde du moins... que son chagr
ne soit pas pour elle une honte ; vous m
rendrez le service que j'exige de vous, et
partirai ; vous, Dumesnil, vous viendr
habiter ici... vous tromperez sa douleu
pendant tout le temps que durera mon al
sence, je vous écrirai... à elle aussi...
je vous engage ma parole de ne pas écri
à Pauline... Elle m'oubliera, et je revie
drai près de vous, si je ne meurs pas lo
d'elle.

DUMESNIL. C'est votre dernière résolu
tion ?

ÉMILE. Oui ; je suis cruel en partant.
je déchire le cœur qui m'aime... mais
deviendrais criminel si je restais.

DUMESNIL. C'est bien, j'accepte le d
vouement que vous m'imposez.

ÉMILE. Il est tard, on pourrait s'étonn
de nous voir rester si long-temps ensen
ble. Séparons-nous, je vais vous condui
au pavillon où vous logez ; il faut trave
ser le jardin... l'air de la nuit rafraîchi
mon sang, et avant de tout préparer secr
tement pour mon départ, je m'occuper
de Pauline pour la dernière fois ; sa fo
tune m'a été confiée, je lui rendrai comp

de sa dot... Venez... Que tout ceci soit un secret entre vous et moi... si elle le savait !

DUMESNIL. Venez.

(Ils sortent par la droite.)

SCENE XI.

HENRIETTE.

(Elle sort de la chambre à gauche; elle est pâle et à peine à se soutenir. Elle va s'asseoir près de la table sur laquelle on a placé un flambeau ; elle pleure, sanglote, et, sans rien dire, elle écrit précipitamment; puis elle se lève, prête l'oreille comme elle entendait du bruit, ferme la lettre et sort par le fond.)

SCENE XII.

ÉMILE, *rentrant.*

Partir sans la revoir !.. il le faut.

SCENE XIII.

ÉMILE, PAULINE.

PAULINE. C'est lui.

ÉMILE. Pauline ! Que venez-vous faire ici ? Que voulez-vous ?

PAULINE. J'allais retrouver ma cousine. Elle vous a parlé !... Vous avez consenti à mon mariage... vous le désirez comme elle...

ÉMILE, *avec effort.* Oui.

PAULINE. Eh bien ! je consens alors...

ÉMILE. Sans regrets !

PAULINE. Sans regrets !

ÉMILE. Pauline, vous pleurez !

PAULINE. Vous aussi, Émile !

ÉMILE. Ah ! pourquoi êtes-vous venue ?

PAULINE. Émile ! Émile ! un dernier adieu !

ÉMILE. Un adieu, dites-vous ? Vous savez donc déjà ?

PAULINE. Je sais que je dois vous quitter.

ÉMILE. Dieu nous a donné la vie pour souffrir.

PAULINE. Émile !

ÉMILE. Tais-toi !.. tais-toi !... Un mot de plus et nous serions coupables ! Pauline ! nous ne devons plus nous revoir..... Je venais ici m'occuper de vous, de votre fortune, de votre dot. (*Il s'approche de la table et voit le papier qu'a écrit Henriette.*) Ah ! l'écriture d'Henriette. Elle est venue ici ?

PAULINE. Qu'est-ce donc ?

ÉMILE, *lisant.* « Ceci est ma dernière volonté ! Je laisse ma fortune à mon mari. » Adieu ! je pars. »

PAULINE. Ciel !

ÉMILE. Quelqu'un ! quelqu'un ! (*Il ouvre la porte à droite.*) Sa chambre est vide.

PAULINE, *au fond.* Pierre ! Marie !

SCENE XIV.

LES MÊMES, PIERRE, *au fond.*

ÉMILE, *s'élançant sur lui.* Henriette ! où est-elle ? L'avez-vous vue sortir ? Des chevaux, des chevaux sur toutes les routes !

DUMESNIL, *entrant.* Qu'y a-t-il ?

ÉMILE, *lui donnant le papier.* Elle a tout entendu ! Partie !... Morte peut-être ! et c'est moi !

PAULINE. Adieu !.. adieu !... sauvez-la !..

DUMESNIL, *à Pauline.* Et vous?

PAULINE. Moi ! dans un couvent.

ACTE TROISIÈME.

La scène se passe dans un village près de Strasbourg. Une chambre simplement meublée. Porte au fond donnant sur un petit jardin. Deux portes latérales.

SCENE PREMIERE.

MADELAINE, *seule, près de la porte de gauche; elle met la chambre en ordre pendant le cours du monologue.*

Voilà bientôt deux heures qu'elle s'est retirée dans sa chambre. C'est qu'aujourd'hui je compte les minutes. Jacques doit revenir de Paris avec le consentement de son oncle. C'est nécessaire pour not' mariage... un homme riche... deux cents francs de rente et pas d'enfans ! Ah ! quand j'y pense, quel joli ménage nous allons faire ! Jacques m'aime tant ! et il a une si bonne place ! premier garçon de la première auberge du village de Molsheim, c'est-à-dire, il n'y a qu'une auberge, et qu'un garçon..... Eh ben ! c'est encore mieux, il reçoit les profits à lui seul... tout près de la frontière, il passe par ici tant de riches voyageurs qui vont en Allemagne ou qui en reviennent !.. De mon côté, ma condition n'est pas désagréable, quoique je serve deux maîtres, et dans deux corps de logis différens. Un vieux monsieur à droite, une dame à gauche, et entre eux cette salle basse qui les réunit... Mais ce monsieur est si bon !.. et cette pauvre dame, c'est la douceur même... jamais un reproche, jamais une plainte ; depuis un an qu'elle est arrivée ici toute malade, et que, grâce aux soins qu'il a eus pour elle, elle s'est rétablie peu à peu, elle ne se montre que pour faire du bien, et ne parle guère que pour remercier. Qui peut-elle être ? personne ici ne connaissait Mme de Latour... c'est égal, je suis bien sûre que c'est la plus honnête créature !

SCENE II.

MADELAINE, DUMESNIL.

DUMESNIL, *allant à la porte de gauche.* Encore enfermée ?

MADELAINE. Oui, monsieur, depuis quelques jours, c'est son habitude quand elle ne vous attend pas.

DUMESNIL. J'ai fini mes courses plus tôt que de coutume..... Ces bruits d'enquête qui se répandent... est-elle sortie ce matin ?

MADELAINE. Oui, monsieur, comme à l'ordinaire, pour visiter vos malades..... elle leur donne des secours, des soins, des consolations, et se fait bénir par tout le monde... Ah ! monsieur Dumesnil, c'est une digne femme ! il faut qu'elle ait bien souffert pour prendre ainsi pitié des souffrances des autres ?

DUMESNIL. Oui : le ciel l'a cruellement éprouvée.

MADELAINE. Enfin, je suis témoin qu'elle ne vit presque que du travail de ses mains... et pourtant elle trouve toujours quelque peu de superflu pour soulager les indigens.

DUMESNIL. Elle m'a paru un peu agitée hier au soir... Comment a-t-elle passé la nuit ?

MADELAINE. Ce matin, elle était moins calme qu'à l'ordinaire, et, s'il faut vous dire la vérité, j'ai cru m'apercevoir qu'elle ne s'était pas couchée.

DUMESNIL. Serait-il possible ?

MADELAINE. C'est quasiment comme moi, qui me sens toute je ne sais comment ; mais j'ai une raison, moi, c'est que j'attends mon amoureux.

DUMESNIL. Voyez si elle peut me recevoir.

MADELAINE. Attendez... (*elle écoute à la porte*) tout-à-l'heure, elle priait..... mais je n'entends plus rien... pauvre femme ! elle a donc bien des chagrins ?

DUMESNIL. Madelaine, ni curiosité, ni indiscrétion, voilà les deux conditions qu'on vous a imposées.

MADELAINE. Il suffit, monsieur le docteur, je m'en souviens... je vais entrer chez elle par l'autre porte pour la prévenir que vous êtes ici. (*A part.*) C'est égal, j'aimerais mieux savoir quelque chose et qu'on me le rabattît sur mes gages.

SCENE III.

DUMESNIL, *seul.*

Est-ce qu'elle ne serait pas encore résignée ? depuis plus d'un an !.. Quand j'ai

nsenti à ce qu'elle restât cachée dans
e village, c'est qu'elle m'assurait que cet
cil serait mille fois moins affreux pour
le que l'existence qu'elle avait quittée.
ien ici ne devrait réveiller sa douleur ; le
eu de sa retraite est toujours ignoré...
oi seul, conduit sur ses traces par le ha-
ard, j'ai résolu de lui consacrer ma vie,
our expier mon ancienne imprudence...
le vient... quand je la vois, j'éprouve
oujours une émotion qu'il faut cacher
vec soin.

SCENE IV.

DUMESNIL, HENRIETTE.

HENRIETTE. C'est vous, Dumesnil?.. on
e me l'eût pas dit, que je l'aurais devi-
é... toujours bon, toujours empressé...

DUMESNIL. N'est-ce pas le devoir d'un
octeur, de visiter tous les jours ses
liens?

HENRIETTE. Quel dévoûment est le
ôtre ! depuis le jour où vous m'avez ren-
ontrée dans le village de Vercigny, après
ma fuite, vous ne m'avez plus quittée :
laisirs, fortune, affaires, vous avez tout
acrifié, et vous avez veillé sur moi comme
n père sur son enfant.

DUMESNIL. C'est que votre père m'a lé-
ué toute sa tendresse pour vous.

HENRIETTE. Combien je l'ai mal recon-
ue ! ma tristesse continuelle doit vous fa-
guer ; mon sort est d'être importune à
ous ceux qui m'entourent. Ah ! laissez-
noi seule... retournez dans le monde, au
nilieu de vos amis ; oubliez-moi.

DUMESNIL. Eh ! qui donc vous reste-
ait ! mon bonheur, Henriette, serait de
ous voir plus calme... plus contente... Il
aut chercher quelques distractions.

HENRIETTE. Hélas ! j'ai fait tout ce que
ai pu ! la religion m'a soutenue depuis
e jour, ce jour affreux où ma raison s'é-
ait égarée, où j'étais arrivée à Vercigny
vec le funeste dessein de m'ôter la vie.
'allais l'accomplir, quand le ciel... oui,
'est le ciel qui me mit devant les yeux
ette malheureuse femme, cette étrangère,
ue la misère avait poussée au désespoir
t au suicide... Quand on la retira du
euve, morte et défigurée, et quand l'é-
lise lui refusa ses prières... oh ! alors, une
évolution soudaine s'opéra en moi ; je fis à
Dieu le serment de souffrir sans attenter à
nes jours. Quelques instans après, vous
arûtes, comme pour m'aider à remplir
na tâche, et nous nous éloignâmes du lieu

qui avait failli m'être si fatal. Alors, j'ai
voulu changer de nom, et je vous ai demandé un secret absolu ; vous y avez consenti, vous êtes venu partager ma retraite.
Oh ! merci, mon ami, merci pour tout
le bien que vous m'avez fait !

DUMESNIL. Oui, vous avez voulu rom-
pre avec une existence qui ne pouvait plus
vous donner ni repos, ni bonheur. Puissé-
je, en cédant à vos prières, avoir ramené
dans votre ame un peu de tranquillité !

HENRIETTE. Je l'espérais... eh bien !
mon ami, en un jour, en une heure, j'ai
perdu le fruit de mes longs efforts.

DUMESNIL. Comment ?

HENRIETTE. Une circonstance impré-
vue, une apparence trompeuse peut-être,
m'ont rendu toute ma faiblesse, en réveil-
lant mes souvenirs.

DUMESNIL. Expliquez-vous !..

HENRIETTE. Oh ! je n'ai pas encore osé
vous en parler... Il y a trois semaines environ, à une heure avancée de la nuit, je
fus réveillée par un grand bruit qui se fit
dans la maison de poste, voisine de celle-
ci : un voyageur demandait à haute voix
des chevaux, et s'impatientait de la lenteur
des relais..... Je fus frappée de saisisse-
ment... cette voix, j'ai cru la reconnaître,
illusion ou réalité, c'était la sienne !.. celle
d'Émile.

DUMESNIL. C'est impossible ! vous vous
êtes trompée !

HENRIETTE. Oui. Le lendemain, je me
suis informée... personne n'a pu me donner les renseignemens que j'attendais ; c'é-
tait une erreur de mes sens, un rêve, une
folie ! que sais-je ? mais, depuis ce jour,
mon repos est détruit, j'ai senti tout ce
qu'il y avait de vain dans ce courage que
je croyais si fort, et ne pouvant résister
aux idées qui m'obsédaient, je lui ai
écrit.

DUMESNIL. A Émile ?

HENRIETTE. A lui !

DUMESNIL. Sans me consulter, sans m'a-
vertir !

HENRIETTE. Ah ! pardonnez-moi, si j'ai
manqué de confiance ; j'ai craint votre
blâme, votre opposition, et dans un moment d'anxiété je lui ai écrit.

DUMESNIL. Et cette lettre ?

HENRIETTE. Je l'ai remise secrètement
à Jacques, il y a quinze jours, quand il est
parti pour Paris.

DUMESNIL. A Jacques, le garçon d'auberge ?

HENRIETTE. Il a dû passer par Senlis.

DUMESNIL. Que contient cet écrit ?

HENRIETTE. Je lui découvre le lieu de ma retraite, je lui indique votre nom, votre demeure... Oh! mon ami, s'il me regrettait, s'il voulait me revoir!..

DUMESNIL. Henriette!

HENRIETTE. Il est seul, maintenant, vous me l'avez dit... personne n'est plus là pour le distraire de mon souvenir. Eclairé par le repentir, s'il s'accusait de mon désespoir; j'ai voulu lui épargner les reproches de sa conscience; me blâmez-vous encore?

DUMESNIL. Je vous plains! voyez déjà ce qu'a produit votre imprudence... ce trouble... cette agitation...

HENRIETTE. C'est que Jacques doit revenir aujourd'hui.

DUMESNIL. Aujourd'hui!

HENRIETTE. Je l'attends!

DUMESNIL. Et s'il apporte un refus?

HENRIETTE. Ah! Dumesnil!

DUMESNIL. Vous avez tout prévu, je suppose... que ferez-vous?

HENRIETTE. Eh! le sais-je moi-même?

DUMESNIL. O ciel!

HENRIETTE. Ah! ne craignez plus de résolution désespérée... mais hélas! ma vie est si chancelante! un faible coup suffirait pour la briser; vous qui avez eu tant de peine à la ranimer, pardonnez-moi, mon ami, si je joue encore cette existence qui devrait vous appartenir; mais je cède à un pouvoir plus fort que ma raison. J'ai voulu tenter encore une fois ma destinée. Peut-être, si cette dernière chance m'est ravie, peut-être redeviendrai-je plus tranquille? oui, je l'espère, ce soir, enfin, mon agitation sera calmée, car, ce soir, Jacques va me rapporter mon arrêt.

DUMESNIL. Henriette! Henriette! qu'avez-vous fait?

SCENE V.

Les Mêmes, MADELAINE.

MADELAINE, *accourant.* Oh! monsieur Dumesnil!

DUMESNIL. Qu'y a-t-il?

MADELAINE. Un monsieur qui vous demande... Il s'est présenté dans le jardin avec deux autres personnes.

DUMESNIL. Eh bien! pourquoi cet air d'effroi?

MADELAINE. Je ne m'effraie pas... certainement, il n'y a pas sujet... nous n'avons rien à nous reprocher, tous tant que nous sommes... mais ce monsieur, voyez-vous...

DUMESNIL. Quel est-il?

MADELAINE. Un procureur du roi.

DUMESNIL. Plaît-il? que vient-il fai[re] ici?

MADELAINE. Dam! je ne sais pas... ma[is] si madame veut rentrer bien vite.

DUMESNIL. Madelaine!.. quelle id[ée] avez-vous? personne ici ne craint les r[e]gards de la justice, et si Mme de Lato[ur] se retire, ce n'est pas le magistrat qu'el[le] évite, c'est le monde. Allez, Henriett[e,] j'irai vous rejoindre après cette entrevu[e.]

HENRIETTE. Oh! mon ami, plus qu[e] jamais j'ai besoin que vous me donni[ez] du courage.

DUMESNIL, *à Madelaine.* Faites entr[er] ce monsieur.

(Henriette rentre à gauche, Madelaine sort par fond.)

SCENE VI.

DUMESNIL, *seul.*

Que peut-il me vouloir! saurait-on d[e] que Mme Jenneval est ici? cet avis qu'e[lle] a fait passer à son mari... serait-ce cause de la présence du magistrat?

SCENE VII.

DUMESNIL, DESROSIER.

DESROSIER, *à la cantonnade.* Ne m'a[c]compaguez pas, messieurs, je suis [ici] chez un ami.

DUMESNIL. Que vois-je, monsieur De[s]rosier?

DESROSIER. Moi-même, docteur, bi[en] étonné de vous trouver dans ce pays.

DUMESNIL. Je ne le suis pas moins [de] vous y voir... à cette extrémité de [la] France! si loin des lieux où nous no[us] sommes rencontrés autrefois! par qu[el] hasard?

DESROSIER. Comme vous dites, c'est [le] hasard qui m'a découvert votre demeu[re.] Quelqu'un de ce village vous a nommé d[e]vant moi: le docteur Dumesnil, me suis-écrié, c'est une ancienne connaissance... sur-le-champ je me suis fait conduire i[ci.]

DUMESNIL, *à part.* Il ne sait rien. (*Hau[t.]* Puis-je, sans indiscrétion, m'inform[er] du motif de votre visite?..... Serie[z] vous encore à la recherche d'une femm[e?]

DESROSIER. Halte là! s'il vous pla[ît] pas de plaisanteries sur ce chapitre,

us nous fâcherions. Les idées dont vous
rlez m'out trop occupé dans ma jeu-
sse... Ce sont des folies qui m'ont fait
gliger mon avancement. Aujourd'hui
suis magistrat et rien de plus. Renfermé
ns le cercle de mes fonctions, je m'y
nsacre tout entier.

DUMESNIL. Quoi! vous seriez en effet?..

DESROSIER. Le procureur du roi de l'ar-
ndissement ; nouvellement nommé, je
is ma tournée dans le ressort et princi-
lement sur la ligne de la frontière ; je
étends signaler mon installation par
elque affaire d'éclat... En ce moment,
nez, par suite des dernières circonstan-
s, je poursuis une enquête sur certaines
rsonnes suspectes qui seraient rentrées
andestinement sur le territoire français,
même, vous le dirai-je, si je ne vous
nnaissais pas bien, mon cher monsieur
umesnil, je vous croirais presque com-
omis dans le délit qui fait l'objet de mes
cherches.

DUMESNIL. Comment?

DESROSIER. Quelle est donc cette dame
nt on m'a parlé.... cette étrangère qui
ge ici près de vous?

DUMESNIL. Mme de Latour, une veuve...
ne pauvre femme... que j'ai presque
érie d'une maladie de langueur..... Je
ai connue autrefois dans des temps plus
eureux... Aujourd'hui, seule au monde,
ne lui reste pour consolation que mes
ins et mon amitié.

DESROSIER. Mais la vie mystérieuse
u'elle mène?

DUMESNIL. Est une suite de ses goûts et
e son état de souffrance. J'espère que
ous n'insisterez pas davantage... Laissons
la, je vous prie... Il y a long-temps que
ous avez quitté Senlis?

DESROSIER. Deux mois environ.

DUMESNIL. Et quelles nouvelles de nos
nciens amis?.. d'Emile?

DESROSIER. M. Jenneval? J'ai cessé de
voir... On dit qu'il a été fort triste pen-
ant les premiers mois qui ont suivi la
ort de sa femme.

DUMESNIL. Plaît-il? Que dites-vous?

DESROSIER. Je dis qu'il a été très-affecté
u commencement de son veuvage.

DUMESNIL. Sa femme est morte?

DESROSIER. Ne le savez-vous pas?

DUMESNIL. Qui vous l'a dit?

DESROSIER. Parbleu! tout le monde.

DUMESNIL. Ce n'est pas possible.

DESROSIER. Je vous demande pardon.
e décès a été prouvé.

DUMESNIL. Comment?

DESROSIER. Par un extrait mortuaire

en bonne forme que la commune de Vercigny a délivré.

DUMESNIL. C'est un faux!

DESROSIER. Pas du tout.

DUMESNIL. C'est un faux, vous dis-je!

DESROSIER. Comment? N'étiez-vous pas
là quand le testament laissé par la malheureuse Henriette révéla son intention
de se donner la mort?

DUMESNIL. Sans doute!

DESROSIER. Eh bien! on a suivi ses traces jusqu'au village de Vercigny; là, on
apprit que le même jour, à la même heure
où elle était arrivée, l'infortuné avait con-
sommé son suicide.

DUMESNIL. Ciel!

DESROSIER. On l'a retirée du fleuve ina-
nimée et presque méconnaissable.

DUMESNIL, à part. Quelle horrible mé-
prise!

DESROSIER. Ah! voilà ce que c'est qu'un
mauvais mariage! Si elle m'avait épousé,
elle vivrait encore heureuse.

DUMESNIL. Et M. Jenneval, à cette
nouvelle?..

DESROSIER. Il a porté le deuil fort con-
venablement... Mais l'année vient de finir,
et ses regrets aussi...

DUMESNIL. Monsieur...

DESROSIER. Je suppose...

DUMESNIL. Mais Pauline! où est-elle?

DESROSIER. Toujours à Stuttgard...dans
un couvent...

DUMESNIL, à part. Je respire!

DESROSIER. Pauvre petite! si elle m'a-
vait épousé, elle serait bien plus heureuse.

DUMESNIL. Qu'ai-je appris!

DESROSIER. Je suis fâché d'avoir eu des
choses aussi tristes à vous dire sur cette pauvre Mme Jenneval que vous aimiez tant!..
Ah çà! pour changer de conversation,
parlons de cette dame qui est ici à côté.

DUMESNIL. Plaît-il!

DESROSIER. Ne puis-je la voir?

DUMESNIL. A quoi bon? Je vous ai déjà
dit qu'elle n'a rien d'une personne sus-
pecte.

DESROSIER. Ainsi, vous me répondez
d'elle?

DUMESNIL. Comme de moi.

DESROSIER. Il suffit, je m'en rapporte
à vous. (A part.) Je ferai néanmoins ob-
server cette maison, et j'y reviendrai pendant son absence.

DUMESNIL. Adieu, monsieur le procureur
du roi.

DESROSIER. Que de cérémonies!.. adieu,
cher docteur!

(Il sort.)

SCÈNE VIII.

DUMESNIL, *seul.*

On la croit morte! Henriette! Oh! par quelle combinaison fatale, impossible à prévoir, le sort nous a-t-il conduits là! Émile croit posséder une preuve de son veuvage!.. Il aimait Pauline!... il l'aime encore peut-être!.. Il faut que j'aille le trouver... que je lui découvre... Mais que dis-je!... pourquoi me tourmenter?.... A présent, il doit tout savoir : le messager d'Henriette lui a remis la lettre qui lui apprend que sa femme existe, qu'elle est ici.... Aujourd'hui même nous aurons sa réponse... Avec quelle impatience je l'attends maintenant!

SCÈNE IX.

DUMESNIL, JACQUES, *au fond.*

JACQUES. Eh! Madelaine!.. mon amoureuse!.... c'est moi, c'est Jacques qui est de retour.

DUMESNIL. Jacques!

JACQUES. Où donc est Mlle Madelaine?.. que j'lui raconte et que j'l'embrasse... non, que je l'embrasse d'abord, et...

DUMESNIL. Viens vite... viens ici, et parle bas.

JACQUES. Oui, monsieur Dumesnil... vot' serviteur, monsieur Dumesnil!

DUMESNIL. Qu'est-il résulté de ton voyage? Qu'a-t-on dit? qu'a-t-on répondu?

JACQUES. Oui, monsieur Dumesnil... ça c'est très-bien passé, merci, monsieur Dumesnil... Mon voyage a été des plus heureux et j'apporte une fière réponse, allez!

DUMESNIL. Parle!

JACQUES. Oui, monsieur Dumesnil.... dès qu'il m'a vu il m'a sauté au cou....

DUMESNIL. Qui donc?

JACQUES. Mon oncle... et il m'a donné trente écus tout d'suite à c'te fin de...

DUMESNIL. Eh! ce n'est pas cela, malheureux! Tu as été à Senlis?.. tu as remis une lettre à M. Jenneval?

JACQUES. Ah! oui, monsieur Dumesnil... oui... j'avais oublié cela, parce que, voyez-vous, la joie des trente écus et de mon mariage... moi qui craignais... dam! c'te p'tite... ça n'a pas de dot... et ça n'est qu'une servante!

DUMESNIL. Me répondras-tu enfin?

JACQUES. Oui, monsieur Du...

DUMESNIL. Eh bien! cette lettre dont Mme de Latour t'avait chargé?

JACQUES. C'te lettre! la voilà!

DUMESNIL. Tu ne l'as pas remise?

JACQUES. Bien fin qui eusse pu le faire... l'monsieur n'est pas à Senlis.

DUMESNIL. Il n'y est pas?

JACQUES. Il était parti huit jours avant mon arrivée.

DUMESNIL. Où est-il?

JACQUES. On m'a dit qu'il était allé à... attendez donc... en Allemagne... nous n'connaissons que ça... à Stuttgard.

DUMESNIL. A Stuttgard! auprès de Pauline!

JACQUES. Il a même dû passer par ici... c'est l'chemin... vous pouvez lui donner la lettre à son retour... si c'est pressé...

DUMESNIL, *à lui-même.* Pas d'autre parti à prendre.

JACQUES. Excusez-moi, monsieur, je vais tâcher de voir Mlle Madelaine.

DUMESNIL. Non, écoute : j'ai des ordres à te donner... des ordres de la plus grande importance.... et, si tu m'obéis fidèlement...

JACQUES. Oui, monsieur Dumesnil.

DUMESNIL. Je double la dot de ta prétendue.

JACQUES. Ça s'peut-il? Quel bonheur! j'suis tout à vous...

DUMESNIL. Il faut d'abord que tu ne parles à personne ici, et que tu évites de te montrer.

JACQUES. Quoi! pas même à Madelaine?

DUMESNIL. A elle surtout... sors du village... va à la poste... retiens-moi des chevaux... une voiture.... nous partirons ensemble...

JACQUES. Comment, partir?

DUMESNIL. Aujourd'hui même...à l'instant... j'irai te rejoindre tout-à-l'heure... ta fortune, celle de Madelaine, dépendent de ton activité... va... va... ne perds pas une minute.

JACQUES. Oui, monsieur Dumesnil.

DUMESNIL. On vient, sors vite et attends-moi... C'est elle!

SCÈNE X.

DUMESNIL, HENRIETTE.

HENRIETTE. Ah! Dumesnil!.... la personne que j'ai vue sortir, ce magistrat, c'est bien lui! c'est M. Desrosier! Est-ce qu'il ne chercherait?

DUMESNIL. Il ne sait rien... Le hasard seul l'a conduit ici.

HENRIETTE. Vous a-t-il parlé de lui?

DUMESNIL. Il y a long-temps qu'il ne l'a vu?

HENRIETTE. Ah! j'avais supposé..... Et Jacques qui ne revient pas!..

DUMESNIL. J'y pensais.... mais mille accidens peuvent retarder le retour de cet homme... peut-être même aura-t-il négligé ou mal rempli sa mission? ne l'attendez pas avant quelques jours. J'aurais voulu vous aider à supporter les tourmens de l'incertitude, mais, obligé de m'éloigner...

HENRIETTE. Comment, vous me quitteriez, vous me laisseriez seule en un pareil moment? Vous! mon ami, quand d'un jour à l'autre mon sort va se décider! Il faut donc que ce soit une affaire bien grave, bien pressante, pour que vous ne puissiez la retarder... De grâce, où allez-vous? Vous ne répondez pas... vous détournez la tête!.. Quelle idée!.. Vous allez le voir?

DUMESNIL. S'il était vrai, si je voulais moi-même...

HENRIETTE. Oh! j'attendais encore cette marque de dévoûment!.. Que n'ai-je osé vous la demander plus tôt? Mais vous n'irez pas seul à Senlis: je vous accompagnerai.

DUMESNIL. Vous!

HENRIETTE. Laissez-moi vous suivre...

DUMESNIL. C'est impossible!

HENRIETTE. Ma vue en dirait plus que toutes vos paroles... quand je paraîtrai devant lui, pâle et abattue par tant de souffrances... Ah! je le connais... il est bon, sensible!.. il ne me repoussera pas!

DUMESNIL. Non, non... ce n'est pas un premier mouvement qu'il faut exciter en lui; ce n'est pas par surprise qu'il faut attaquer son cœur... Je veux interroger toutes ses pensées, avant de vous permettre de reparaître à ses yeux... il y va de votre avenir... du repos de votre vie entière...

HENRIETTE. Ah! ma vie sera-t-elle si longue?..

DUMESNIL. Henriette!... au nom de l'amitié! si mon dévoûment, si mon affection de père me donnent sur vous quelque pouvoir, laissez-moi partir seul.

HENRIETTE. Qu'exigez-vous?

DUMESNIL. Si M. Desrosier revenait, ayez soin d'éviter sa présence. Si je trouve

Émile tel qu'il doit être, mon voyage ne sera pas long.

(Il veut sortir, elle le retient.)

HENRIETTE. Ah! dites-lui bien ce que je lui aurais dit moi-même... dites-lui que je ne demande plus d'amour, moi qu'il a délaissée autrefois, quand j'étais encore jeune et belle! ce n'est plus sur des traits flétris aujourd'hui que je compte, c'est sur mon cœur, sur ma tendresse; je n'espère plus que son amitié, sa compassion, comme j'ai obtenu la vôtre... qu'il me soit permis de lui prodiguer mes soins, de le servir en silence... Un regard, un mot de bonté, cela me suffira... Ah! sa vue! sa vue surtout!.. et je serai heureuse! et je lui pardonnerai tout.

DUMESNIL. Oui, voilà ce que je lui dirai. Adieu, du courage!

HENRIETTE. J'en aurai; allez, allez à Senlis!

DUMESNIL, à part. A Stuttgard!

(Il sort.)

SCÈNE XI.

HENRIETTE, seule.

Que le ciel le conduise!.. il va le voir!.. lui parler!... et moi, obligée d'attendre, de me contraindre!... Hélas!.. je ne lui ai pas dit tout ce qu'il faudrait!... j'ai oublié mille choses.... pourvu surtout qu'il lui épargne les reproches!.. ce serait tout perdre!... Rentrons, pour obéir au dernier ordre de Dumesnil... encore quelques jours d'agonie, puis ce sera la vie ou la mort.

SCÈNE XII.

HENRIETTE, MADELAINE.

MADELAINE. Excusez, madame, est-ce que M. Dumesnil n'est pas là?

HENRIETTE. Il est sorti!

MADELAINE. C'est qu'on le demande encore... J'étais allée à l'auberge, pour savoir si Jacques, mon prétendu, était de retour... Un voyageur, un homme comme il faut, venait d'y descendre... et comme son domestique venait de faire une chute en arrivant dans le village, il s'était apparemment informé d'un médecin; car, lorsque je suis entrée, je l'ai entendu demander la demeure de M. Dumesnil, et sur-le-champ j'ai offert de le coduire.

HENRIETTE. Un étranger!... je ne veux pas qu'il me voie...

MADELAINE. C'est ce que j'ai pensé..aussi je l'ai fait attendre là... dehors... Mais si M. Dumesnil ne rentre pas, comment fera-t-on pour l'accident de ce pauvre Pierre?

HENRIETTE, *qui allait rentrer, s'arrête.* Pierre, dites-vous?

MADELAINE. C'est le domestique.

HENRIETTE. Oh! mon Dieu! Et le nom de son maître?

MADELAINE. Je ne le sais pas.

HENRIETTE. D'où vient-il?

MADELAINE. Je ne peux pas vous dire s'il va en Allemagne, ou s'il en revient.

HENRIETTE. L'avez-vous vu?

MADELAINE. Oui, c'est un jeune homme... assez bien... une taille moyenne... l'air un peu triste... une voix douce...

HENRIETTE. Ah! comme mon cœur bat!... Il est là, dites-vous?

MADELAINE. Dans le jardin... vous pouvez le voir dans ce moment-ci... il tourne le dos...

HENRIETTE. C'est sa démarche.

MADELAINE. Ah! le voilà qui se retourne!

HENRIETTE. C'est lui! c'est lui! ciel!

MADELAINE. Eh bien! eh bien! madame, qu'avez-vous donc? vous vous trouvez mal?

HENRIETTE. Non, ce n'est rien... allez, Madelaine, allez prévenir M. Dumesnil... vous le trouverez à la poste... qu'il se rende ici sans perdre de temps... c'est moi qui le fais demander.

MADELAINE. Et ce monsieur?

HENRIETTE. Qu'il entre! allez!

MADELAINE. Oui, madame.

SCENE XIII.

HENRIETTE, *seule.*

Oh! je ne me soutiens plus... tant d'émotions!... il vient me chercher... il a reçu ma lettre, il m'apporte lui-même la réponse... c'est le bonheur!. O Dieu!... fais seulement que j'aie la force de le supporter!... J'entends le bruit de ses pas... le voilà!.. c'est lui!.. ah!..

SCENE XIV.

HENRIETTE, ÉMILE.

ÉMILE, *entrant.* Je vais l'attendre ici... personne! (*Il se retourne et voit Henriette.*)

Madame. (*Il la reconnaît et recule.*) Ah!

HENRIETTE, *courant à lui.* Émile!..

ÉMILE, *stupéfait.* Que vois-je?

HENRIETTE. Ah! mon ami! c'est vous! vous que je revois!.. vous que j'embrasse! ah! quel bonheur! Mais... qu'avez-vous? pourquoi ce mouvement qui me repousse? ce n'est pas la joie qui se peint dans vos yeux... c'est l'égarement, c'est l'effroi!..

ÉMILE. Qui donc est là... devant moi?

HENRIETTE. C'est votre femme! votre Henriette!

ÉMILE. Henriette!

HENRIETTE. Ne me reconnaissez-vous pas?

ÉMILE. Vivante!

HENRIETTE. Que dites-vous?... votre esprit s'égare!...

ÉMILE. Non... non... j'ai ma raison... c'est elle! c'est bien elle!

HENRIETTE. Mon ami!

ÉMILE. Comment êtes-vous ici?

HENRIETTE. Vous ne le saviez pas?... folle que j'étais!.. je vous croyais instruit.

ÉMILE. Je vous croyais morte!

HENRIETTE. Ah! malheureuse!

ÉMILE. Des indices... des preuves... je l'ai cru... j'ai dû le croire...

HENRIETTE. Oui, je voulais me tuer!... mais, au moment d'accomplir mon fatal dessein, j'ai pensé à Dieu! j'ai pensé à vous, Emile!.. à vous, que ma mort condamnait à un repentir éternel! Affreuse idée, n'est-ce pas? une femme qui ne vous avait jamais fait de mal, réduite à finir ainsi! Ah! maintenant, de quel poids vous devez être soulagé; voyez, je vis encore pour vous bénir et pour vous pardonner!

ÉMILE, *se jetant dans ses bras.* Henriette! (*Se dégageant.*) Mais non!... non... ah! malheureux!

HENRIETTE. Qu'est-ce donc?

ÉMILE. Fatalité! fatalité! Laissez-moi! fuyez, Henriette!

HENRIETTE. Quel langage!

ÉMILE. Ou plutôt, restez, restez pour me maudire!... je suis un sacrilége, un infâme!..

HENRIETTE. Vous!..

ÉMILE. Puisque vous vivez!

HENRIETTE. O ciel!.. je crois deviner...

ÉMILE. Une autre...

HENRIETTE. Eh bien?

ÉMILE. Je me croyais libre!..

HENRIETTE. Achevez!.. vous êtes ...?

ÉMILE. Marié!

HENRIETTE. Ah!

(*Elle s'enfuit dans sa chambre.*)

SCENE XV.
ÉMILE, *seul.*

Qu'ai-je dit!.. malheureux!.. ce cri!... cette fuite! ah! je crains tout de son déspoir..... Suivons-la.... cette porte est fermée... malgré mes efforts pour l'ébranler... Henriette!... Henriette!... ah! je tremble! Quelqu'un!.. vite! au secours!. quelqu'un!..

SCENE XVI.
ÉMILE, DESROSIER.

DESROSIER. Qu'est-ce donc? qu'y a-t-il? Monsieur Jenneval!

ÉMILE. Desrosier! Sauvez-la!

DESROSIER. Qui donc?

ÉMILE. Henriette, ma femme!

DESROSIER. Henriette?.. elle vit?

ÉMILE. Elle se tuera, monsieur, elle se tuera!.. elle sait que je suis remarié!

DESROSIER. Vous! remarié! qu'entends-je?.. Savez-vous à qui vous parlez?

ÉMILE. Que m'importe!... je me livre à vous... que l'on me condamne, que l'on me punisse; mais, au nom du ciel! sauvez-a!...

DESROSIER. Où est-elle?

ÉMILE. Là!

DESROSIER. Quelqu'un!.. holà!.. quelqu'un!

SCENE XVII.
LES MÊMES, MADELAINE.

MADELAINE. Messieurs...

DESROSIER. Y a-t-il une autre porte?

MADELAINE. Oui, M. Dumesnil est entré de l'autre côté.

ÉMILE. Dumesnil!... Dieu soit loué!... Ouvrez!

SCENE XVIII.
LES MÊMES, DUMESNIL, *sortant de la chambre.*

DUMESNIL. Arrêtez!...

ÉMILE. Ah! laissez-moi la voir!

DUMESNIL. Arrêtez, vous dis-je!.. il serait trop tard!

ÉMILE. Henriette!.. qu'a-t-elle fait?.,.

DUMESNIL. Elle vous a donné une dernière preuve de dévouement.

ÉMILE. Que dites-vous?

DUMESNIL. Sa vie vous rendait criminel!

ÉMILE. Eh bien!

DUMESNIL. Vous ne l'êtes plus.

ÉMILE, *tombant à genoux.* Ah! pardon, Henriette, je te suivrai!

DUMESNIL. Non... vivez, et que ce soit votre châtiment; vivez pour celle qui ne doit rien savoir. (*A Desrosier.*) Monsieur, vous garderez le secret.

FIN

IMPRIMERIE DE Vᵉ DONDEY-DUPRÉ, RUE SAINT-LOUIS, 46, AU MARAIS.